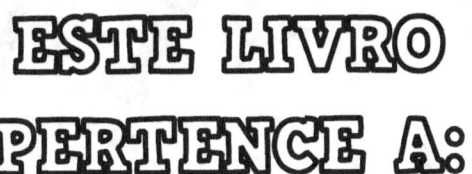

ESTE LIVRO PERTENCE A:

Formiga

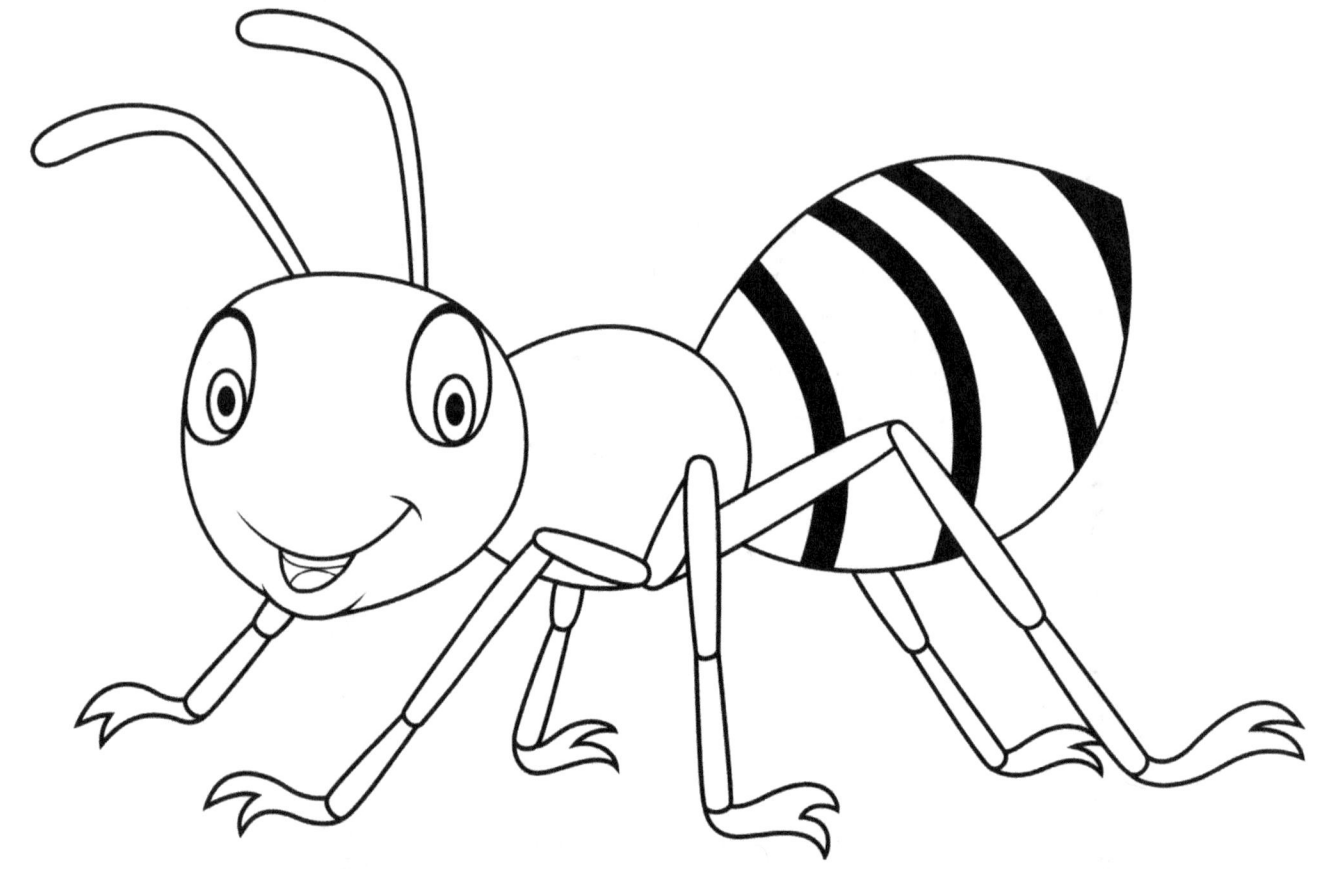

Mrav

Mrav
_____
_____
_____

Maçã

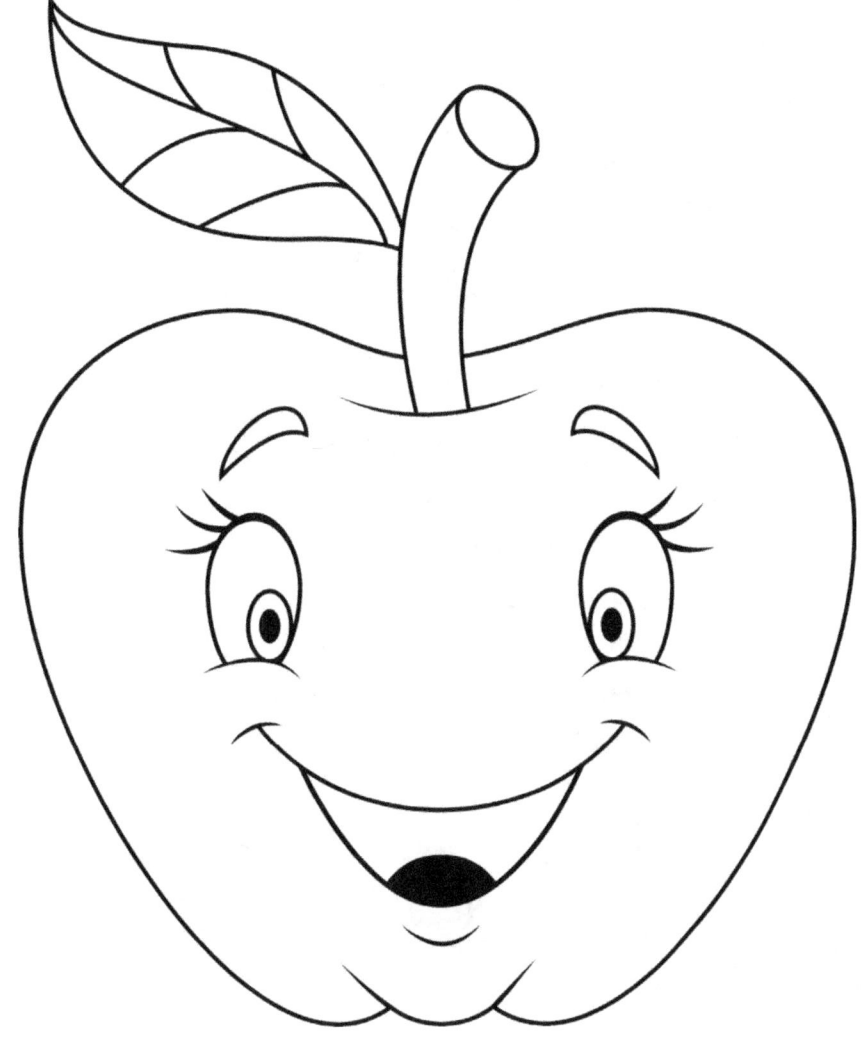

Jabuka

Jabuka

Astronauta

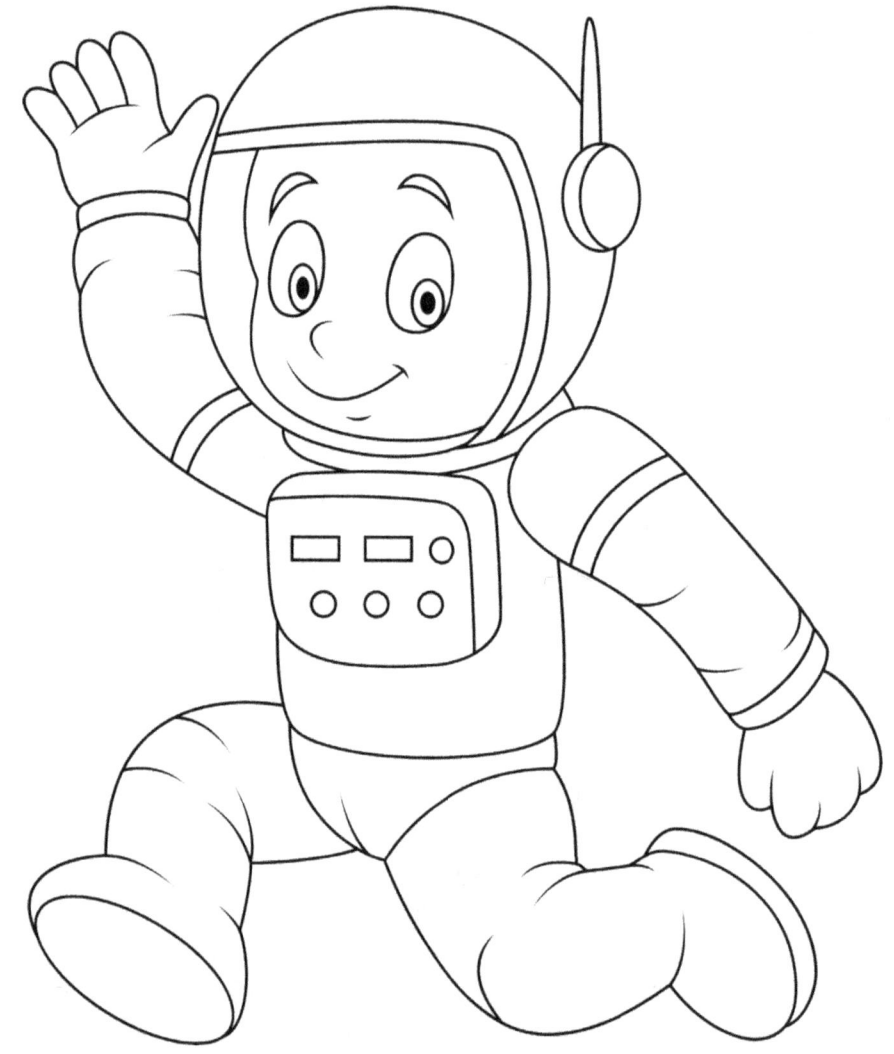

Astronaut

Astronaut

Banana

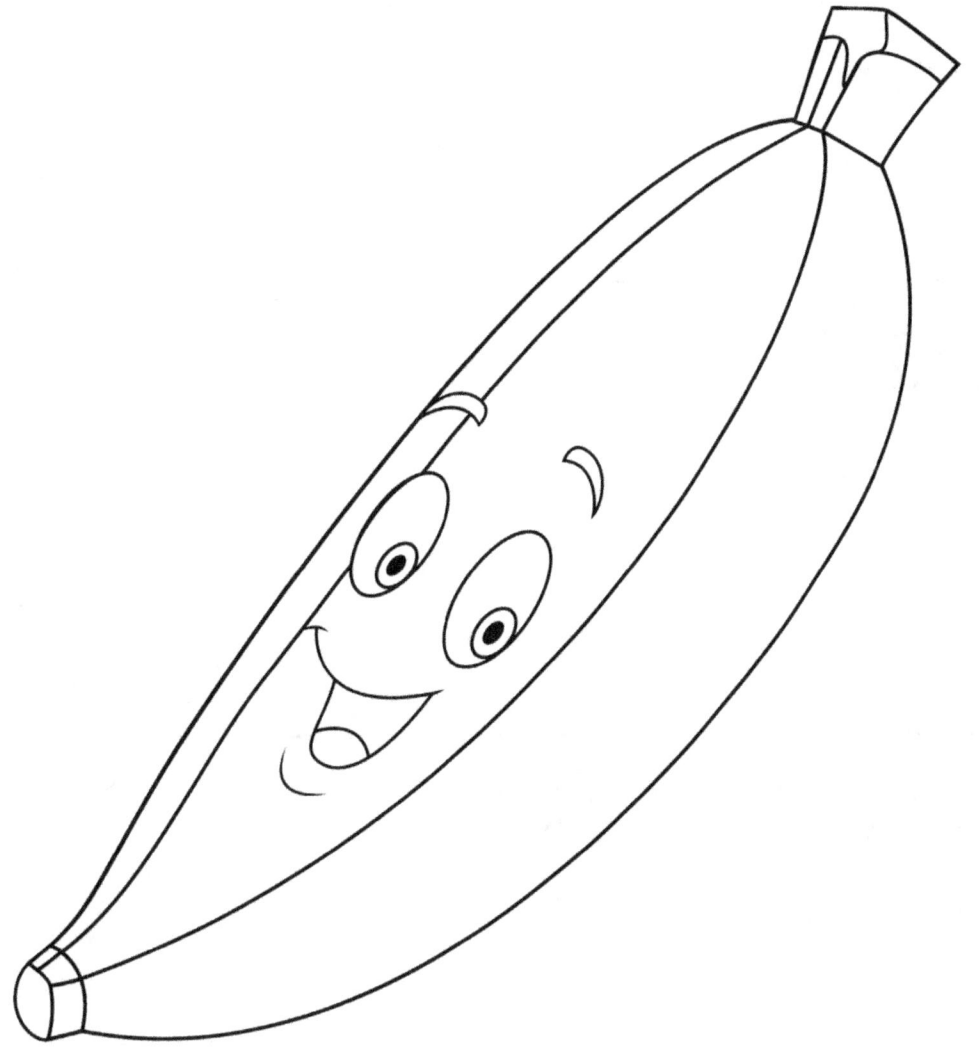

Banana

Banana
_____
_____
_____

Formiga

__av

Maçã

_ab_ka

Astronauta

As_rona_t

Banana

Ba_a_a

Urso

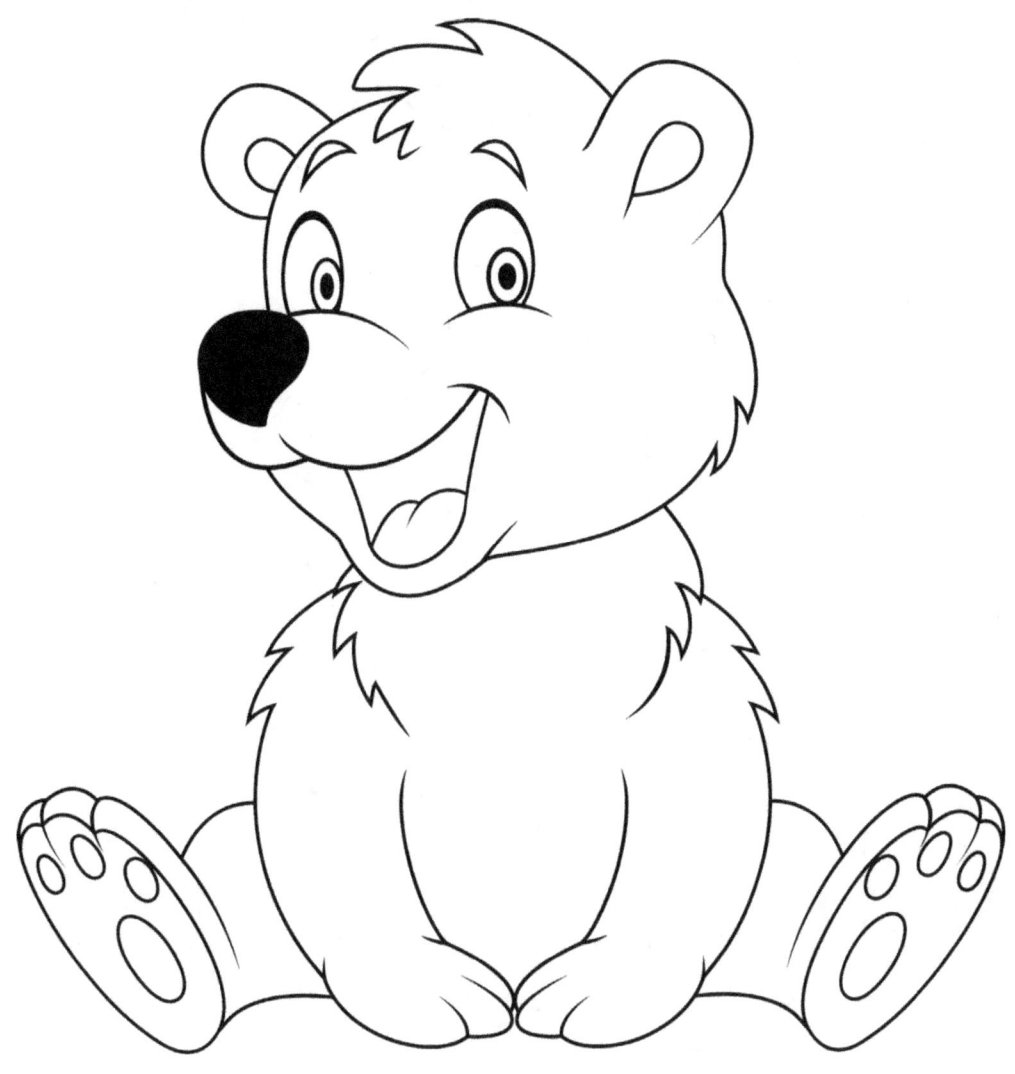

Medvjed

Medvjed

Livro

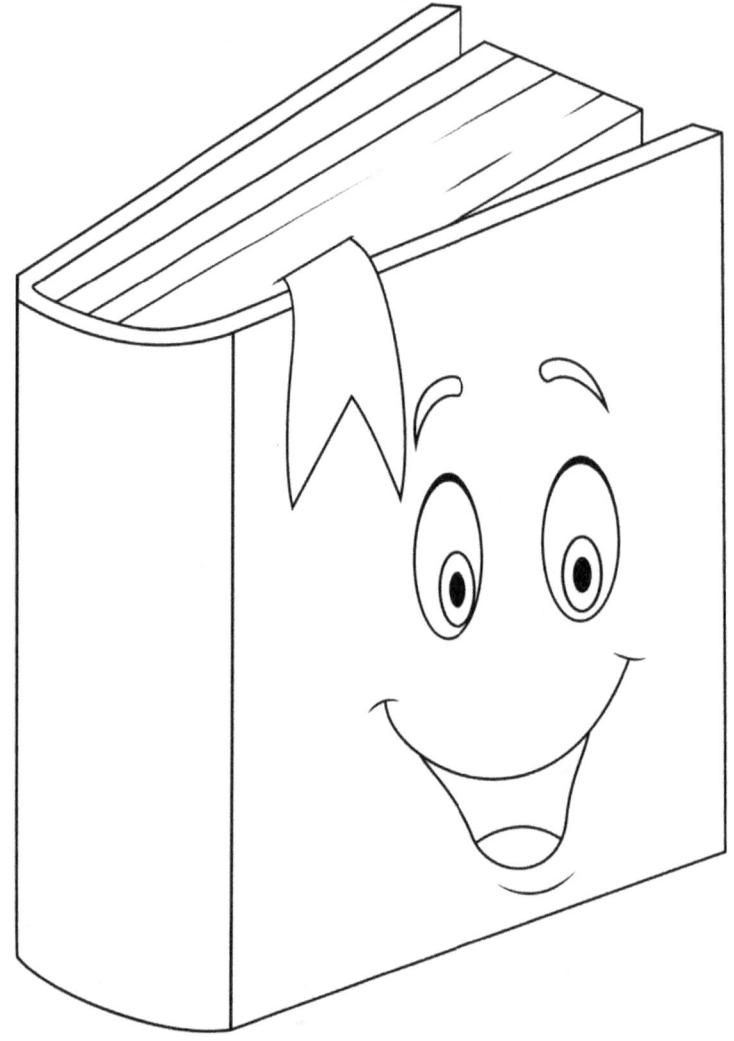

Knjiga

Knjiga
_____

_____

_____

Carro

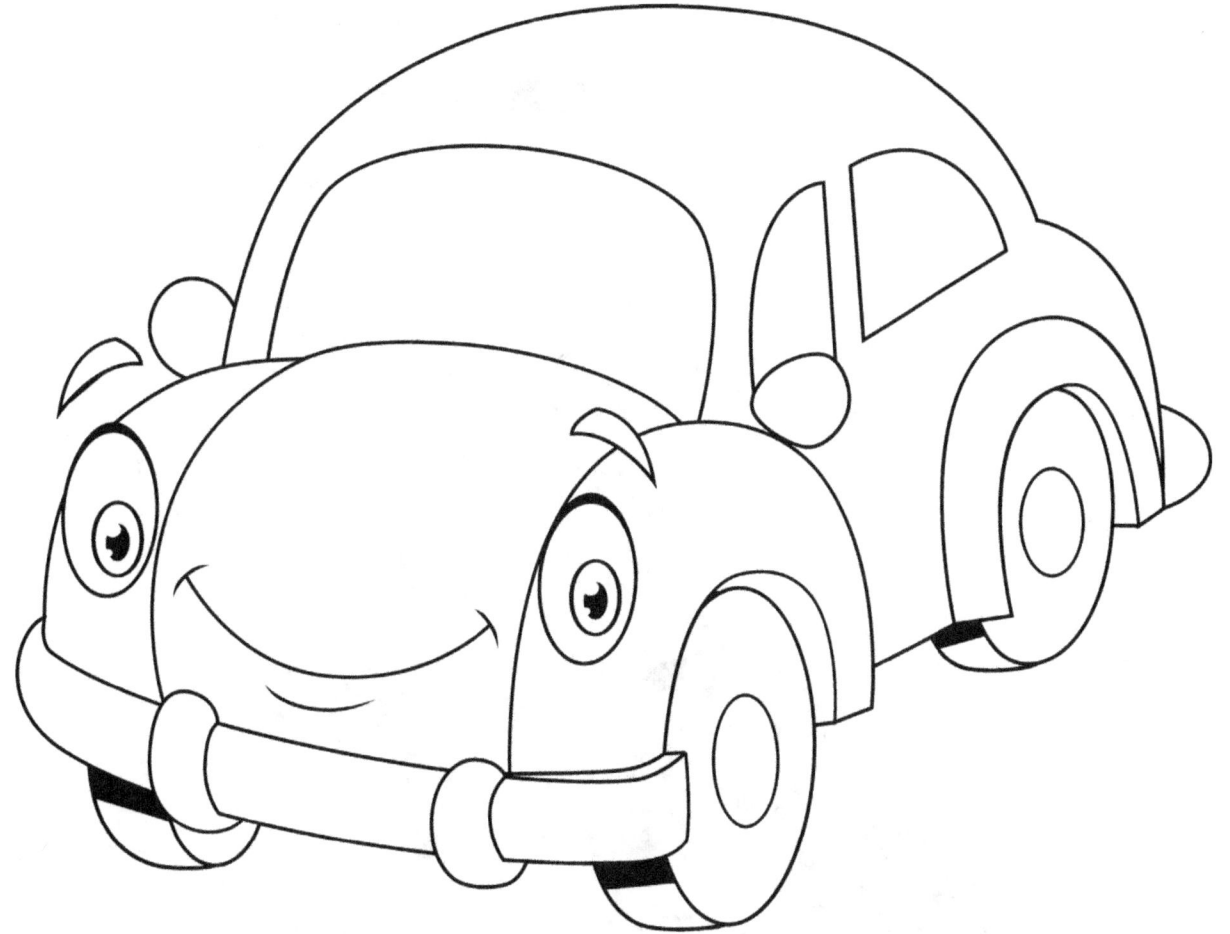

Automobil

Automobil

Gata

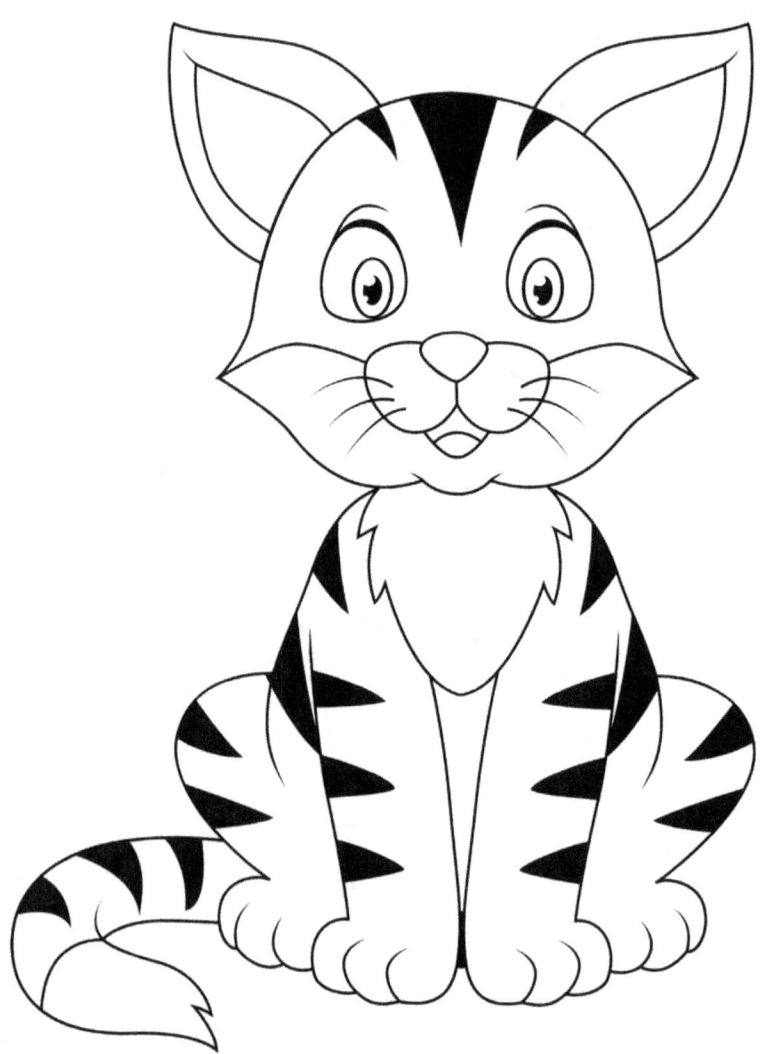

Mačka

Mačka
_____

_____

Urso

_e_vjed

Livro

_nj_ga

Carro

Auto_obil

Gata

M_čk_

Milho

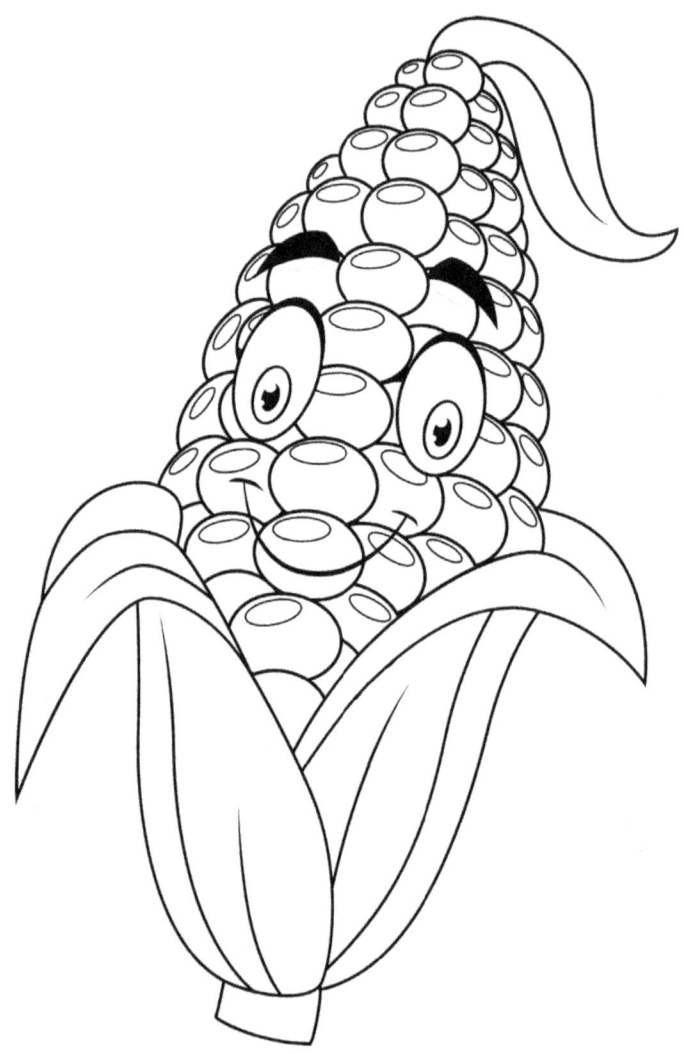

Kukuruz

Kukuruz

Cachorro

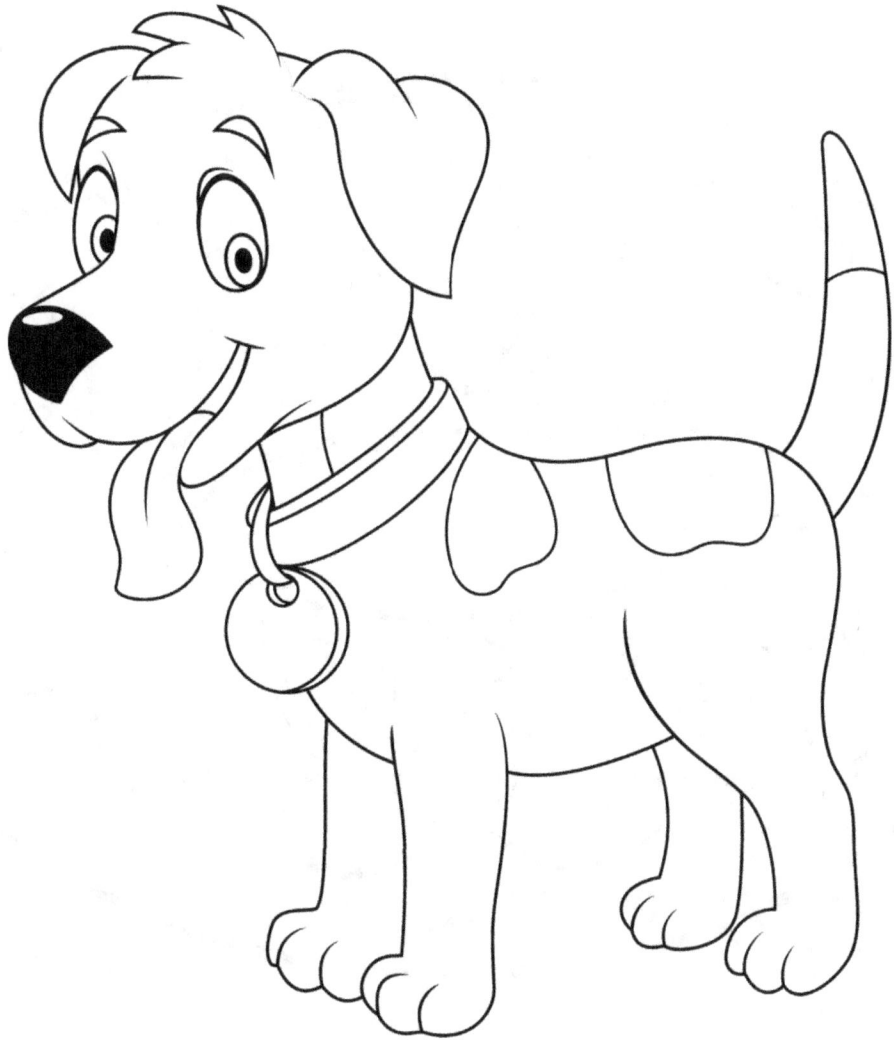

Pas

Pas
_____

_____

_____

Rosquinha

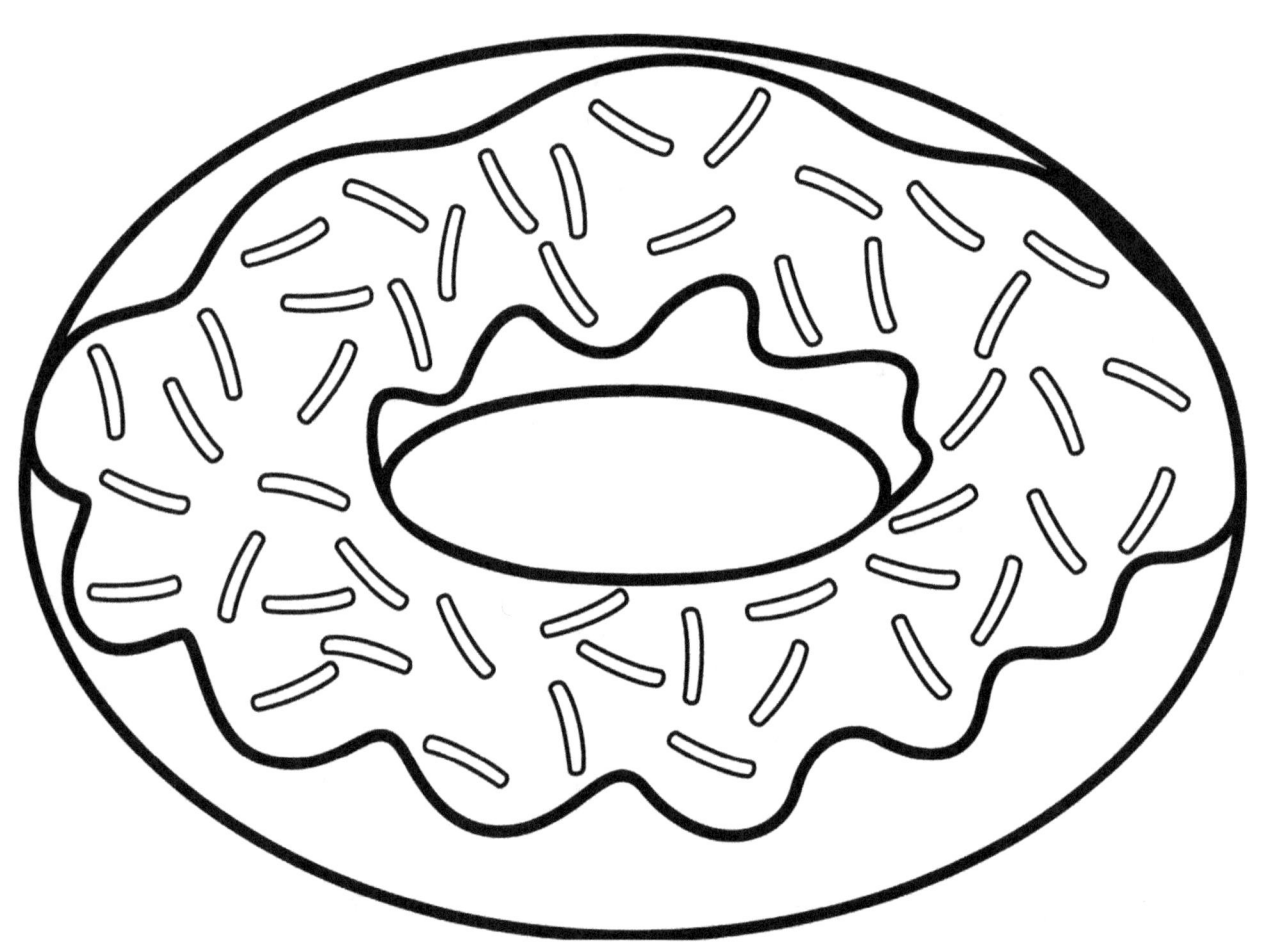

Uštipak

Uštipak
_____
_____
_____

Tambor

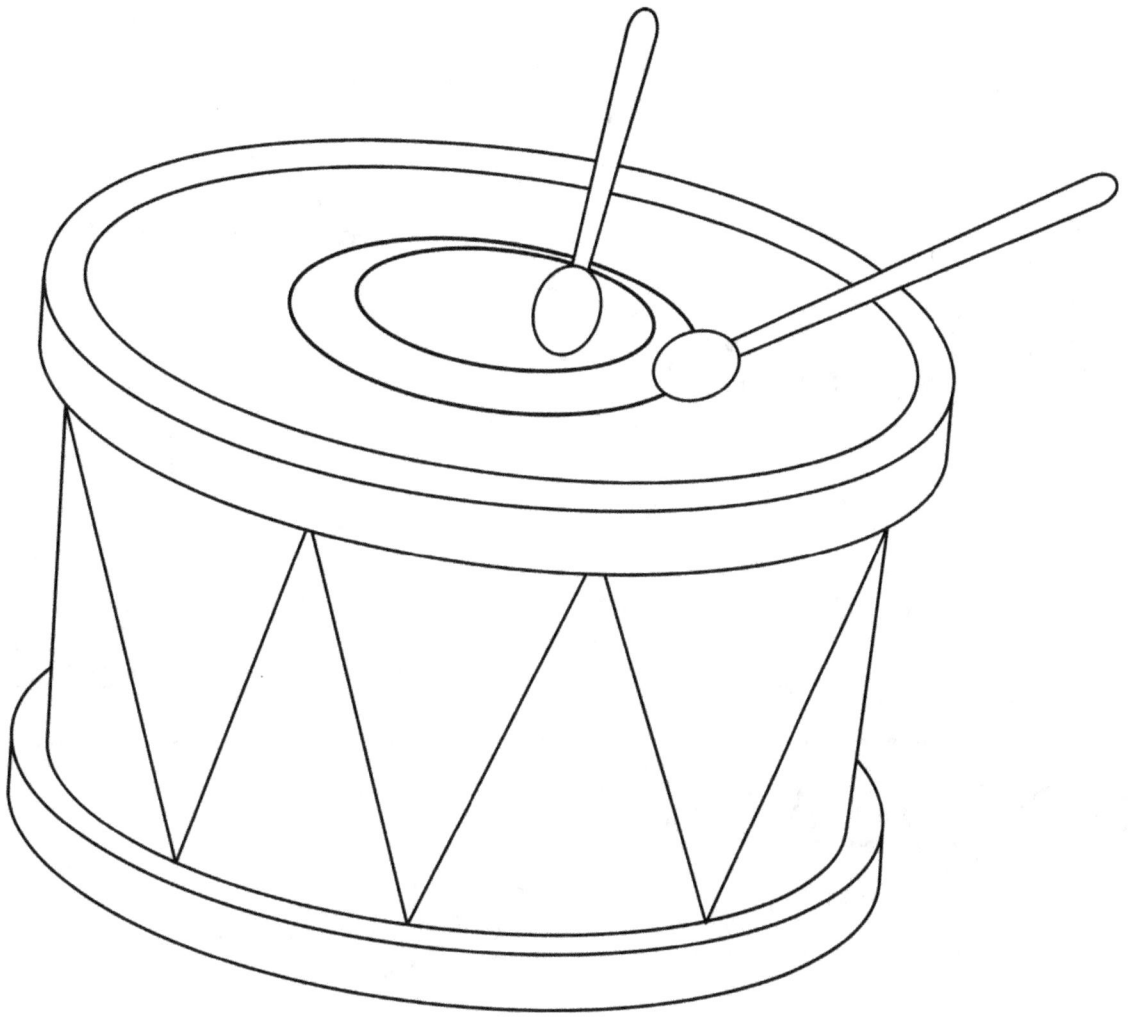

Bubanj

Bubanj

Milho

_uk_ruz

Cachorro

Pa_

Rosquinha

Uš__pak

Tambor

__banj

Caracol

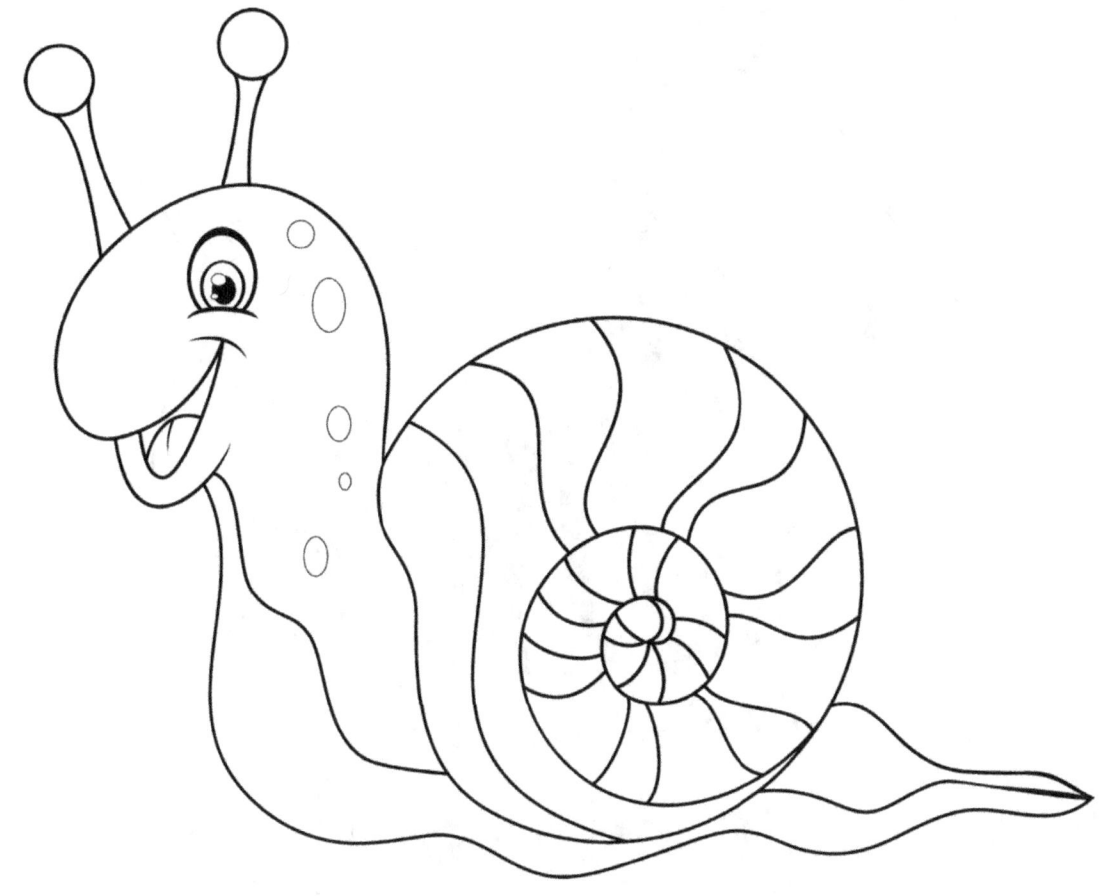

Puž

Puž

Zebra

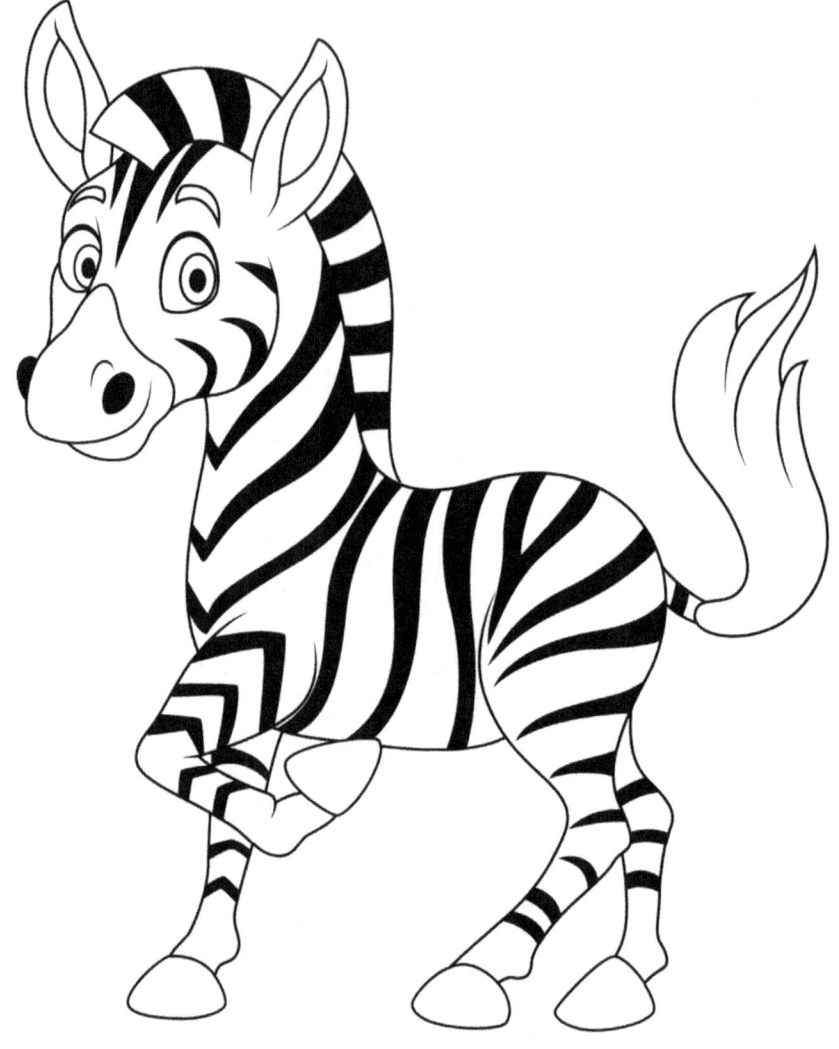

Zebra

Zebra
_____

_____

_____

Elefante

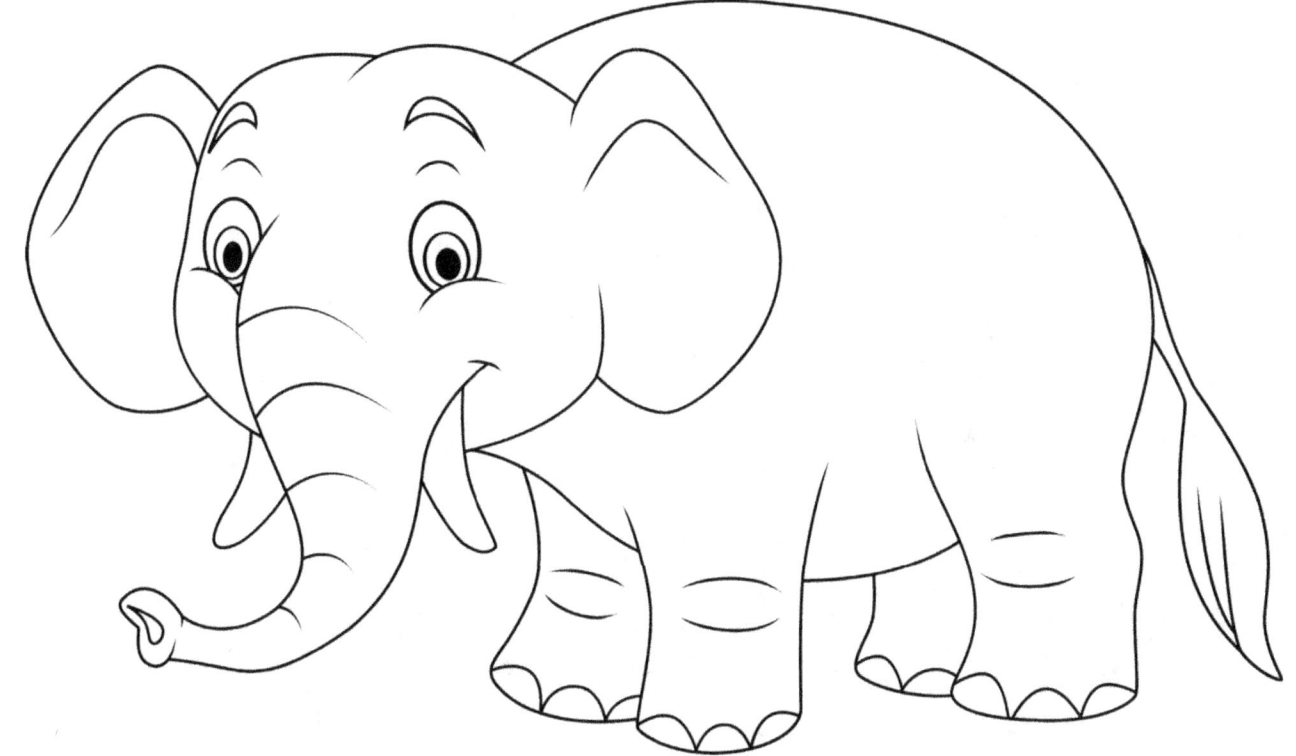

Slon

Slon

Peixe

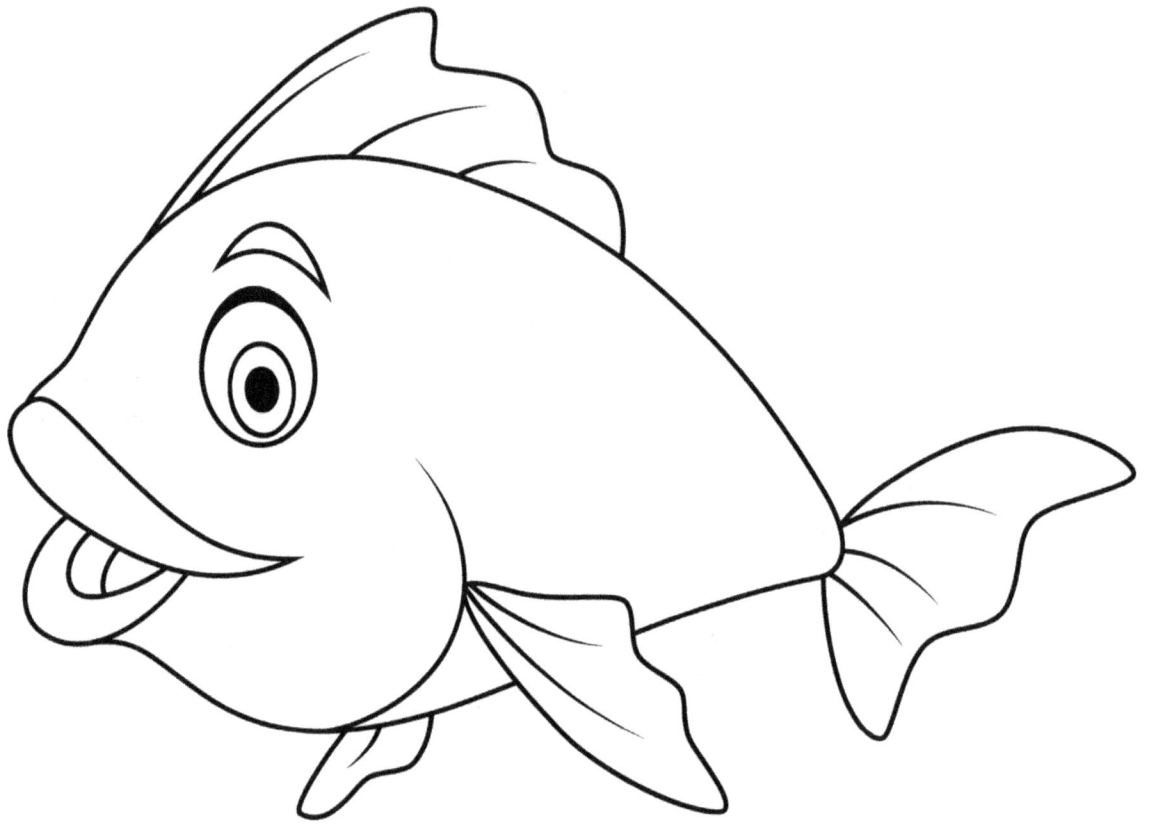

Riba

Riba

Caracol

_už

Zebra

Zeb_a

Elefante

S_on

Peixe

Ri_a

Flor

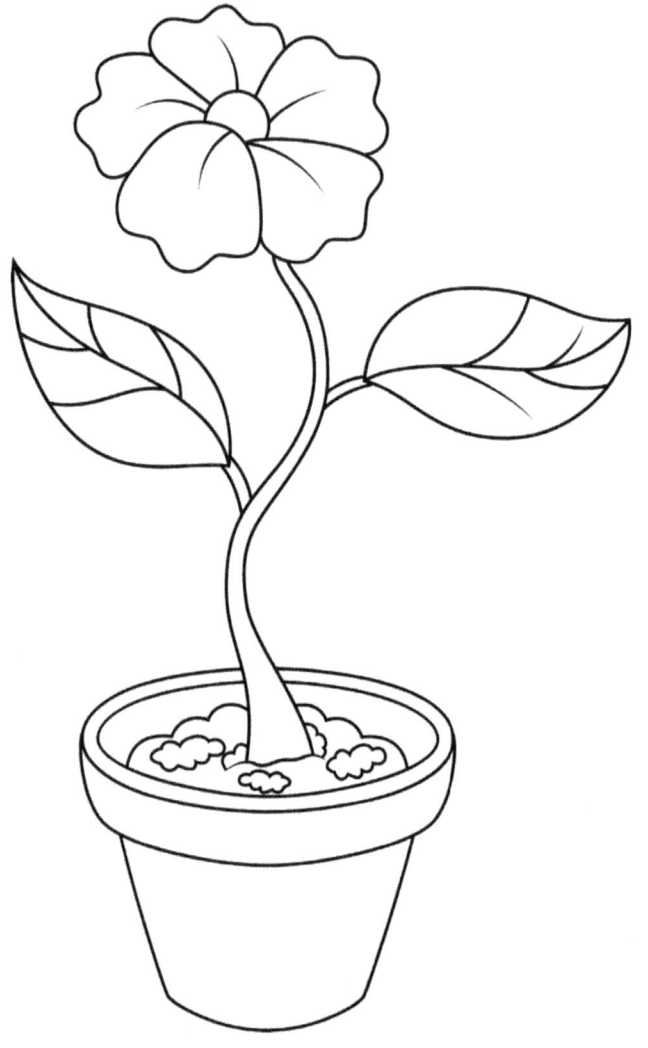

Cvijet

Cvijet
_____

_____

_____

Raposa

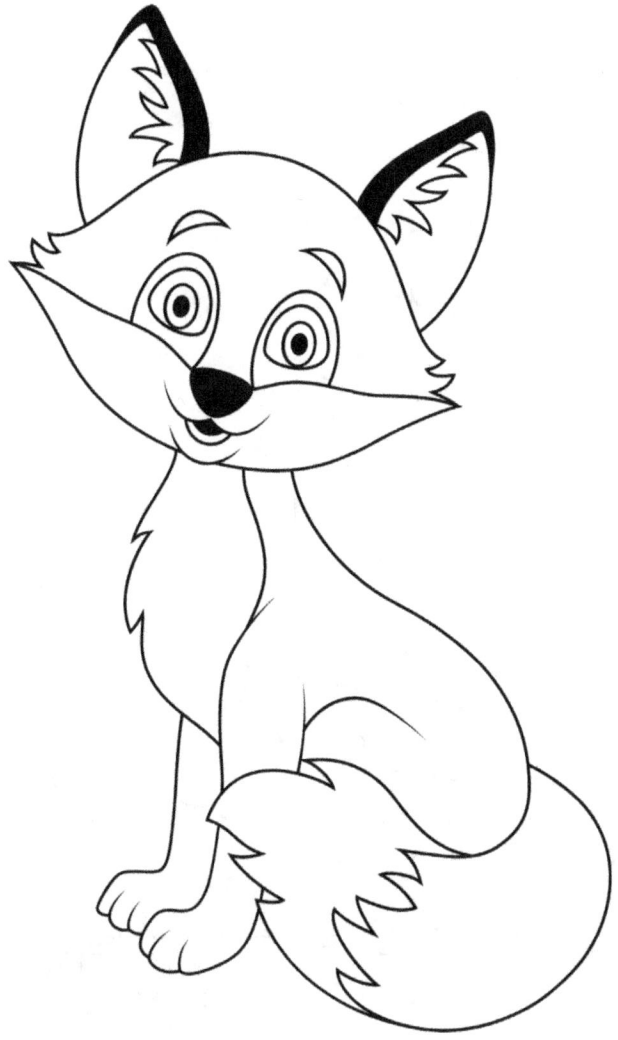

Lisica

Lisica

Girafa

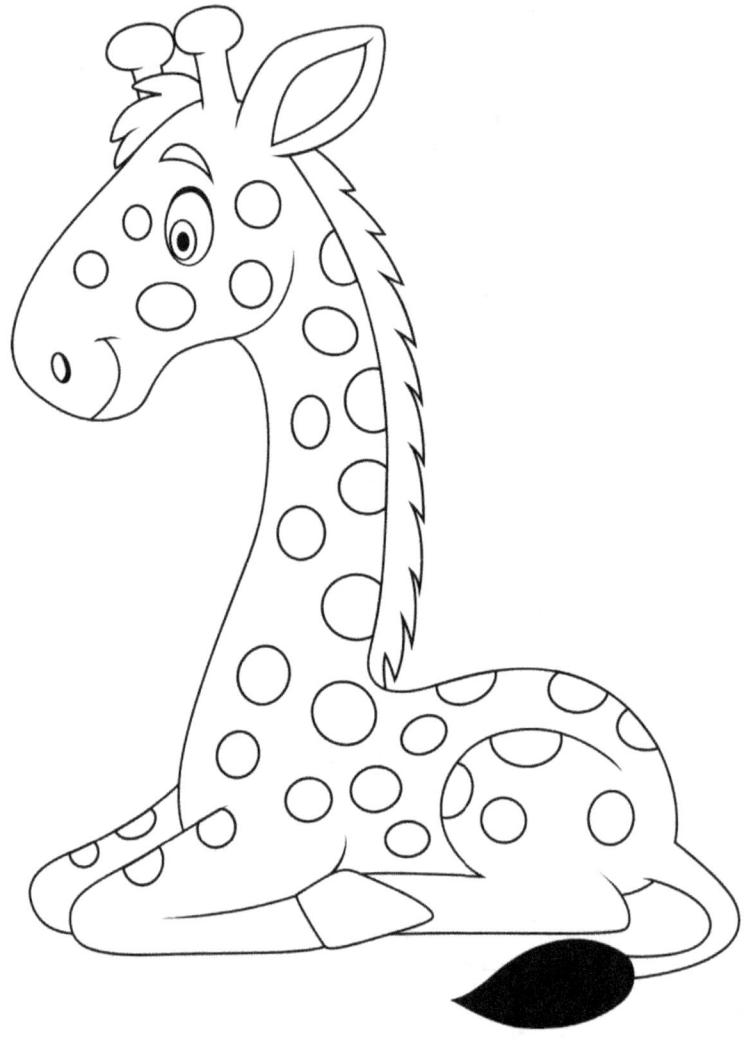

Žirafa

Žirafa

Óculos

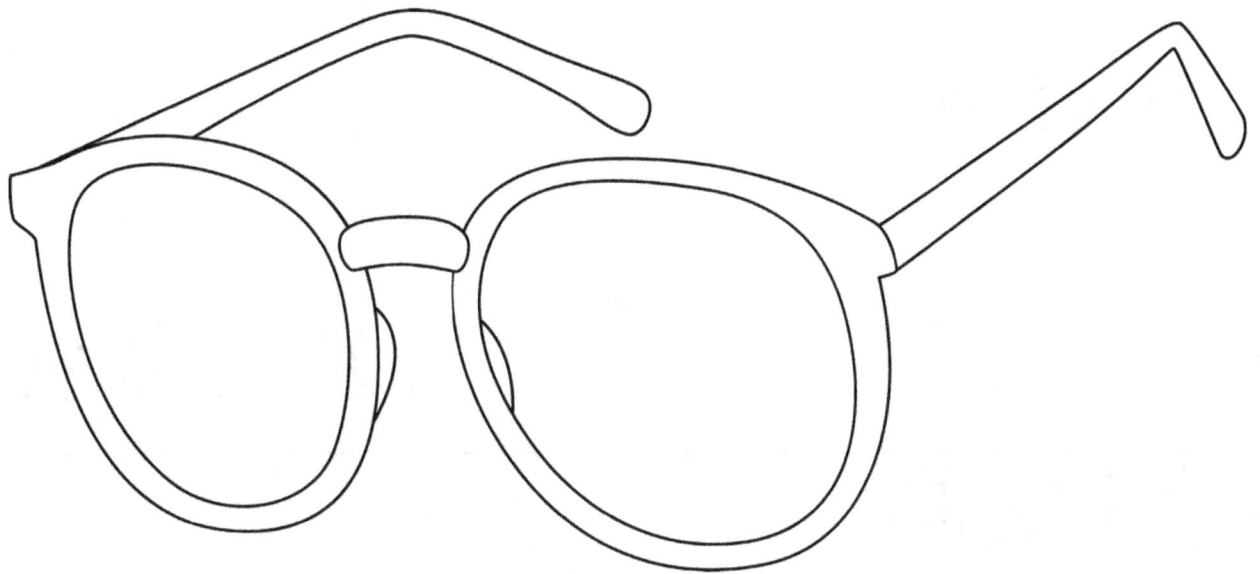

Naočale

Naočale
_____

_____
_____

Flor

Cvij_t

Raposa

L__ica

Girafa

Ž_ra_a

Óculos

_a_čale

Uva

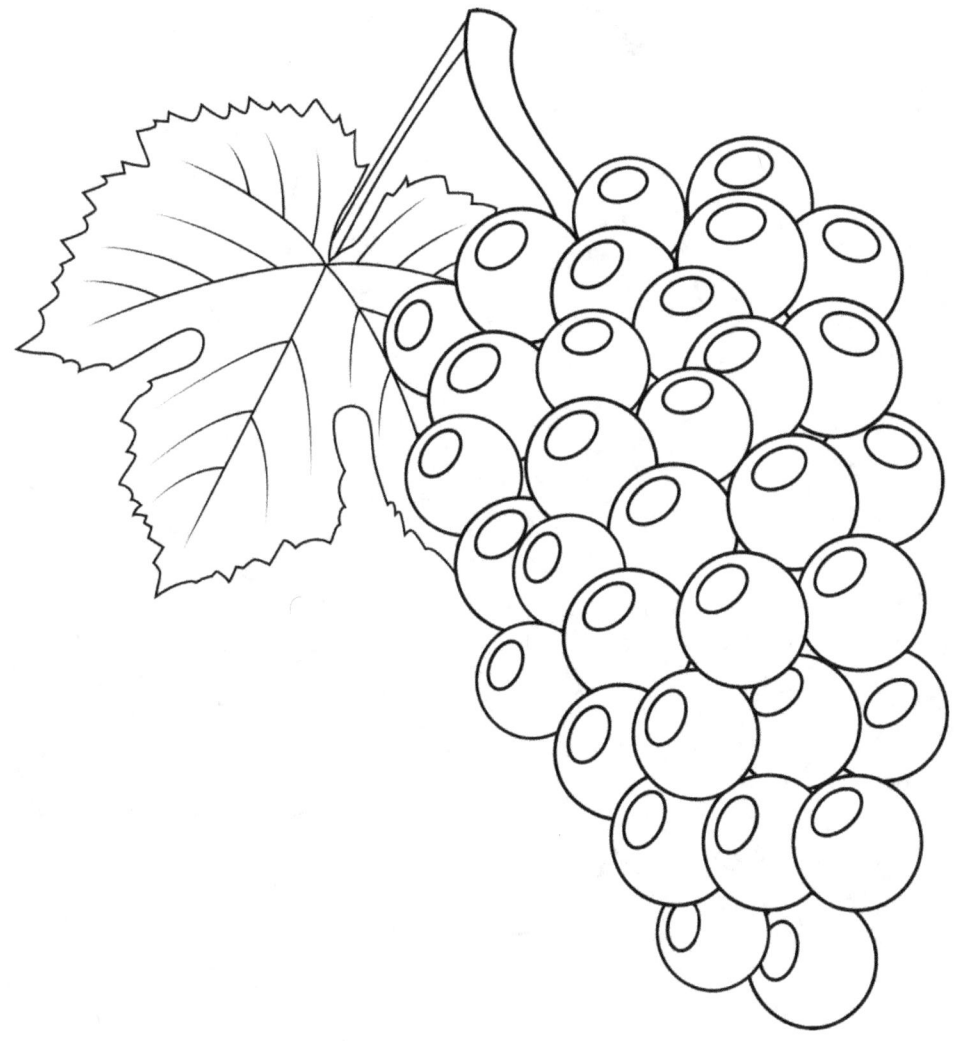

Grožđe

Grožđe

Hambúrguer

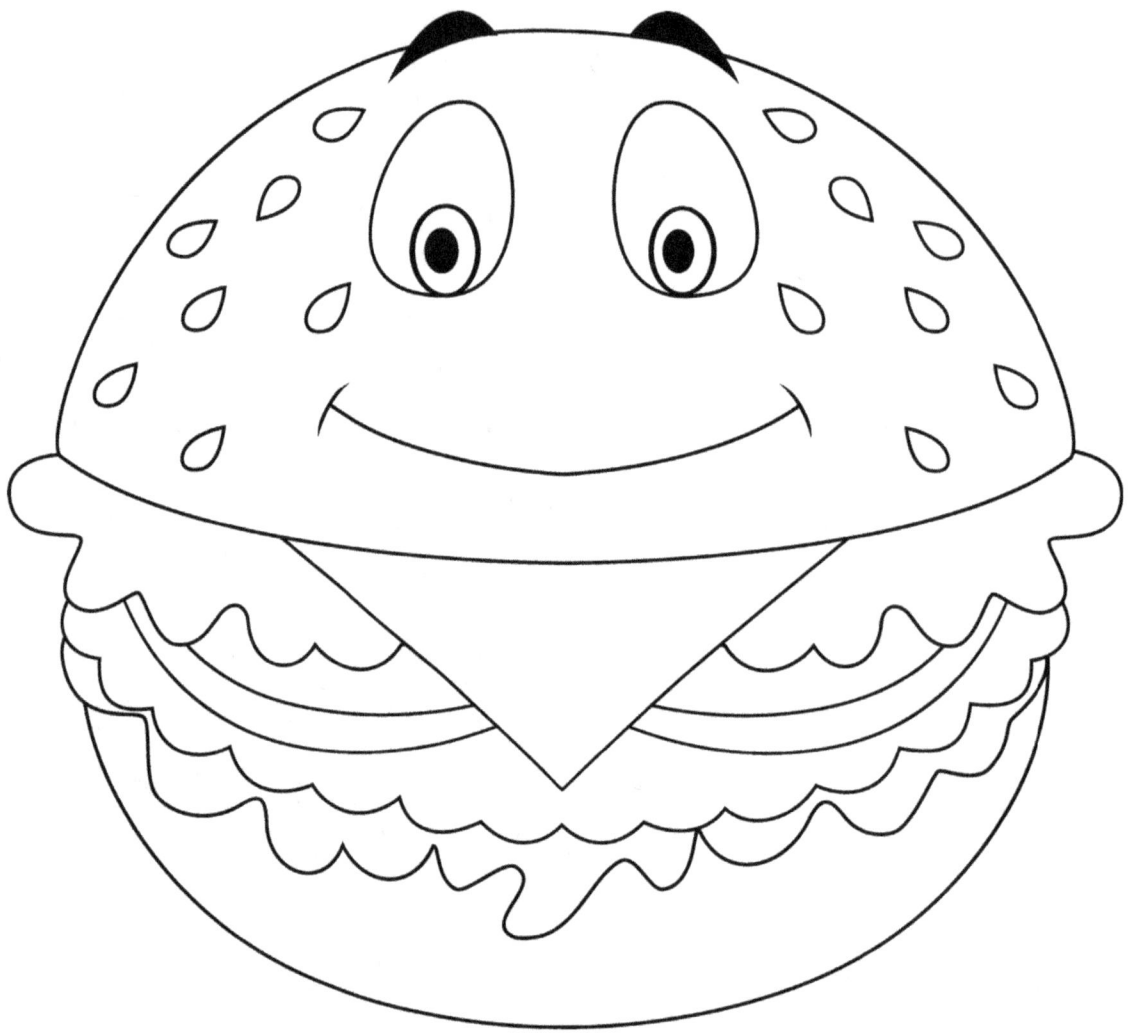

Hamburger

Hamburger
___
___

Hipopótamo

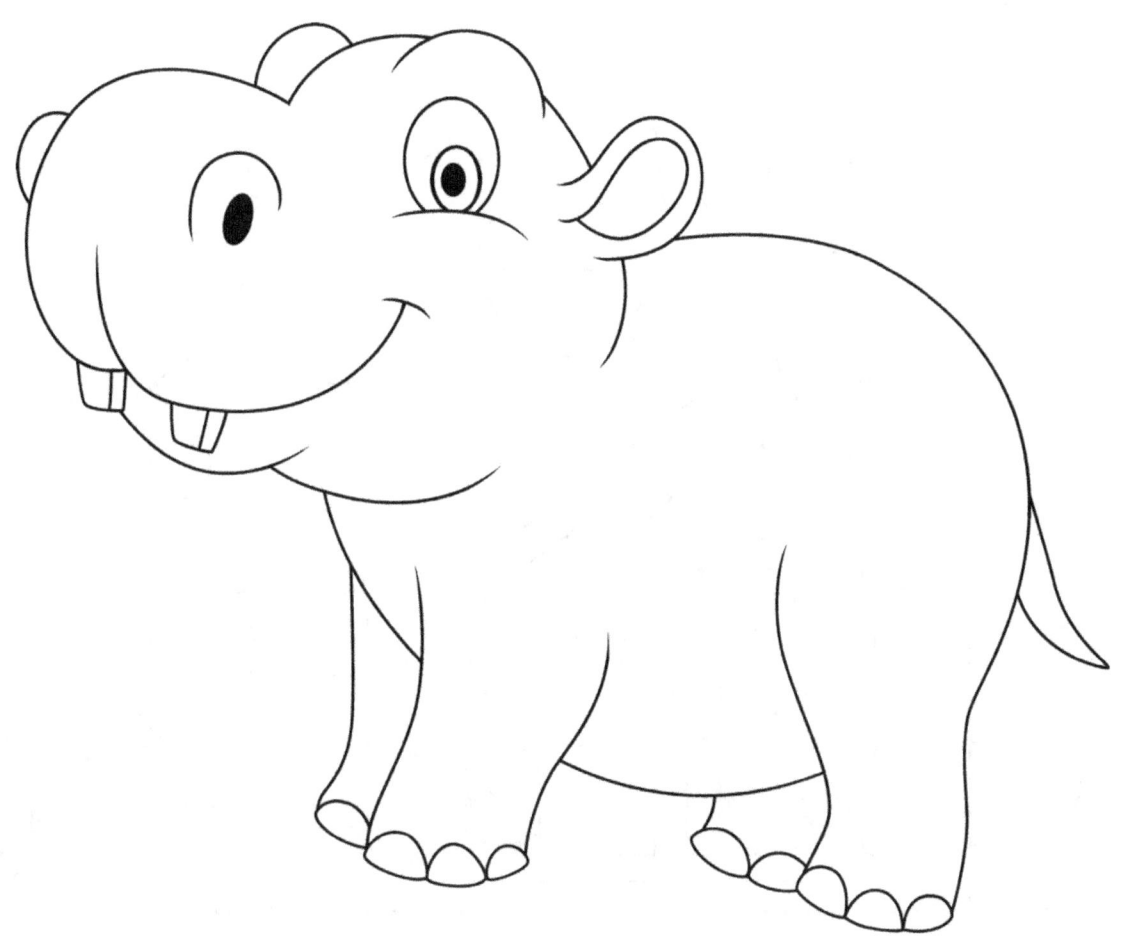

Nilski konj

Nilski konj
_____
_____
_____

Casa

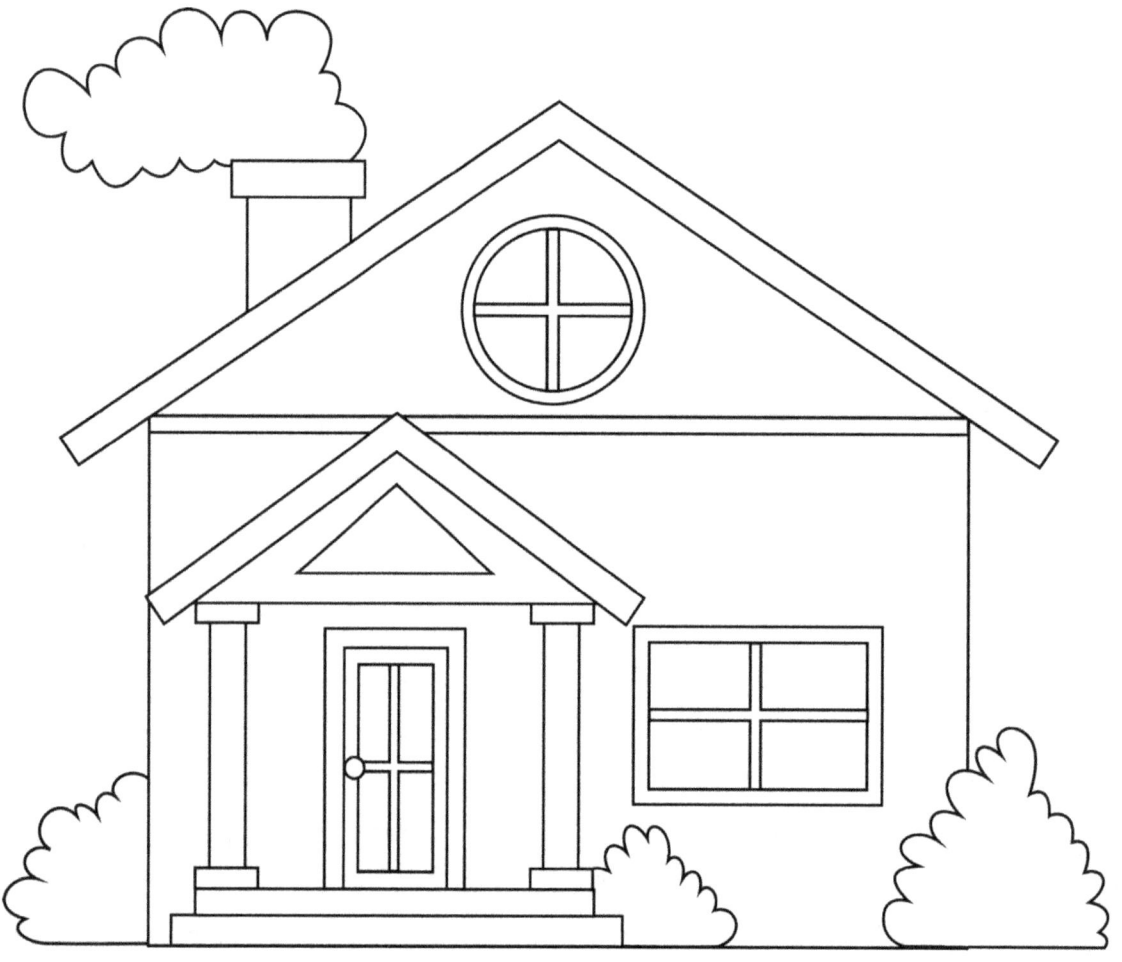

Kuća

Kuća
_____
_____
_____

Uva	
	Gro_de
Hambúrguer	
	amburge
Hipopótamo	
	Nil_ki konj
Casa	
	Kuć_

Sorvete

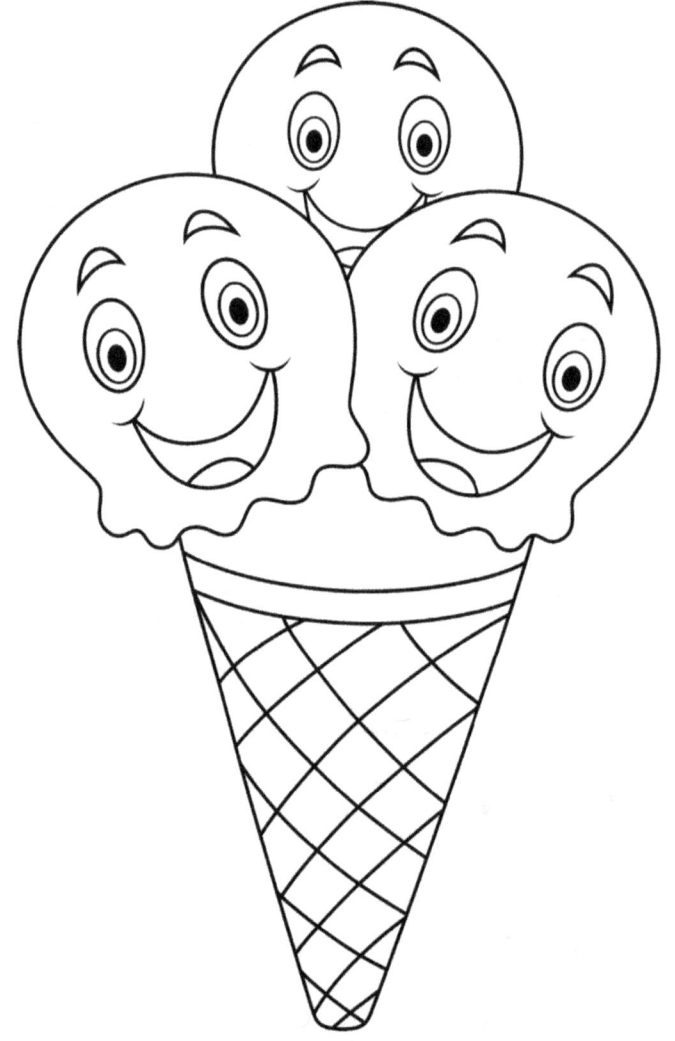

Sladoled

Sladoled

Iguana

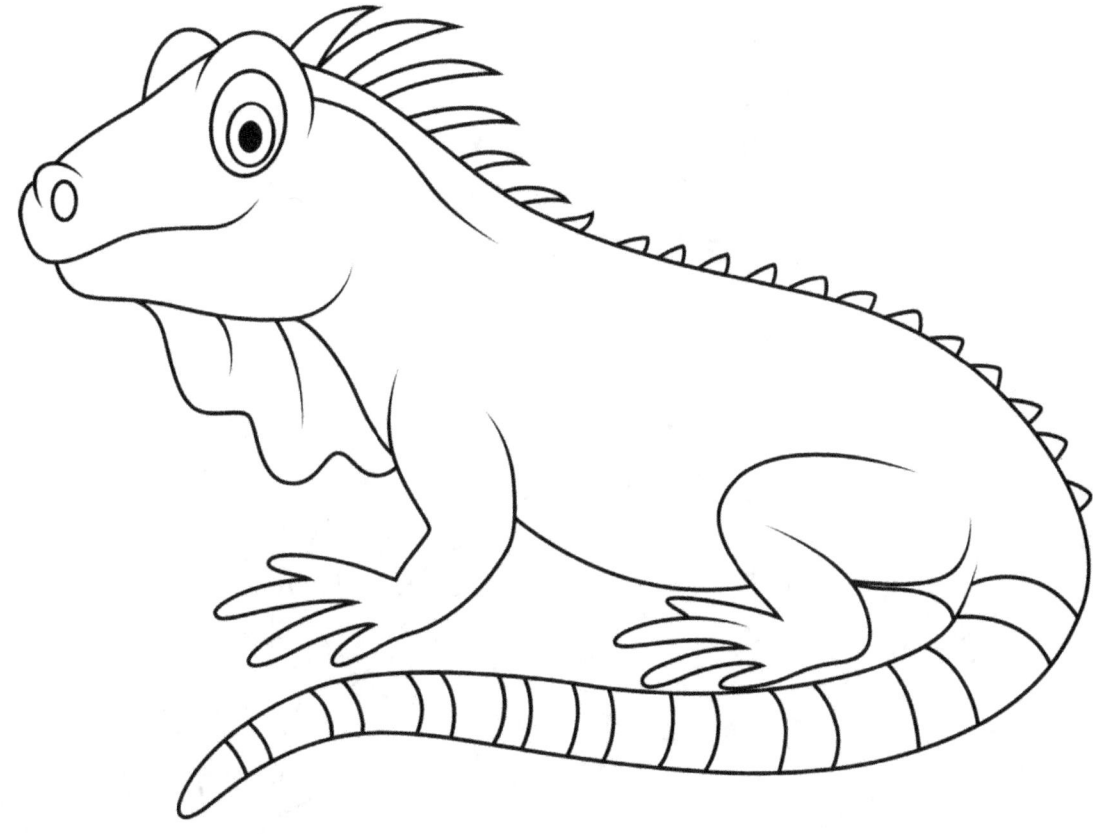

Iguana

Iguana

Pato

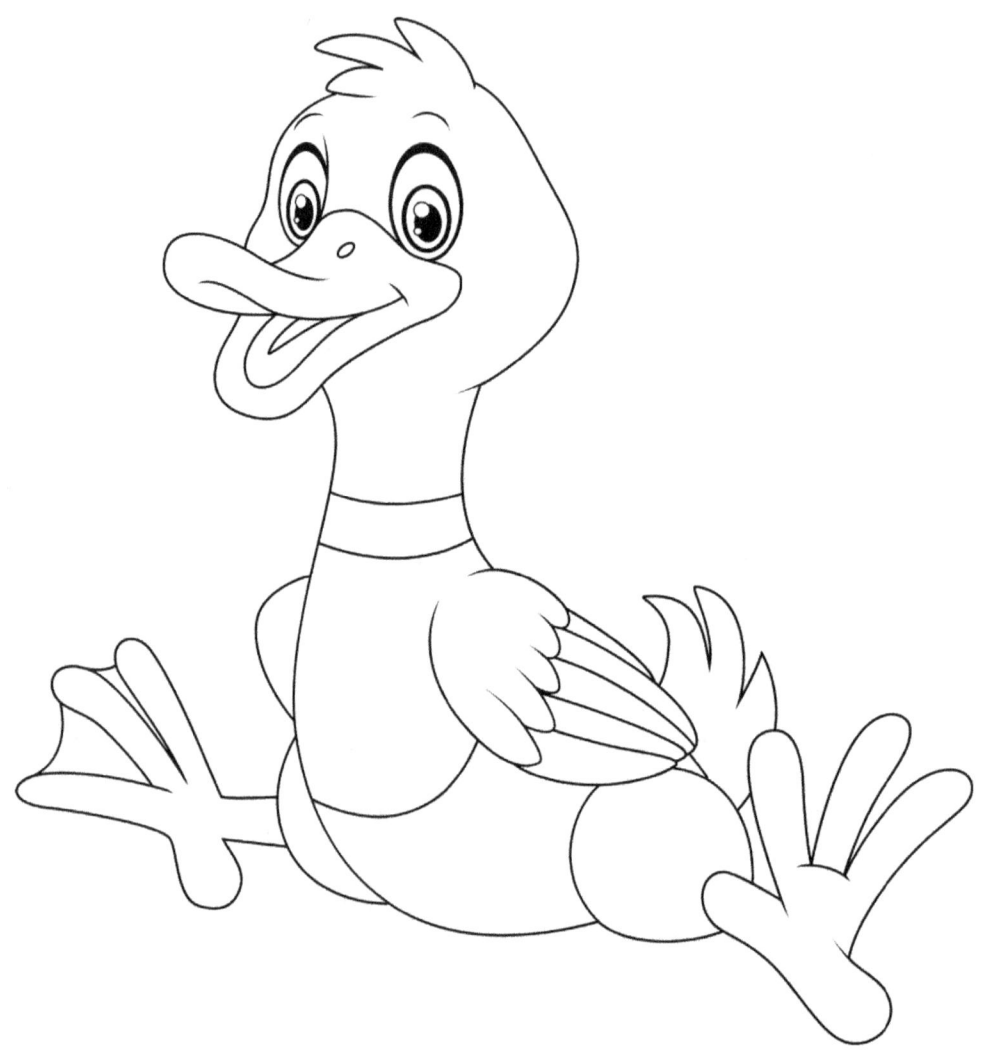

Patka

Patka
_____

_____

_____

Jaguar

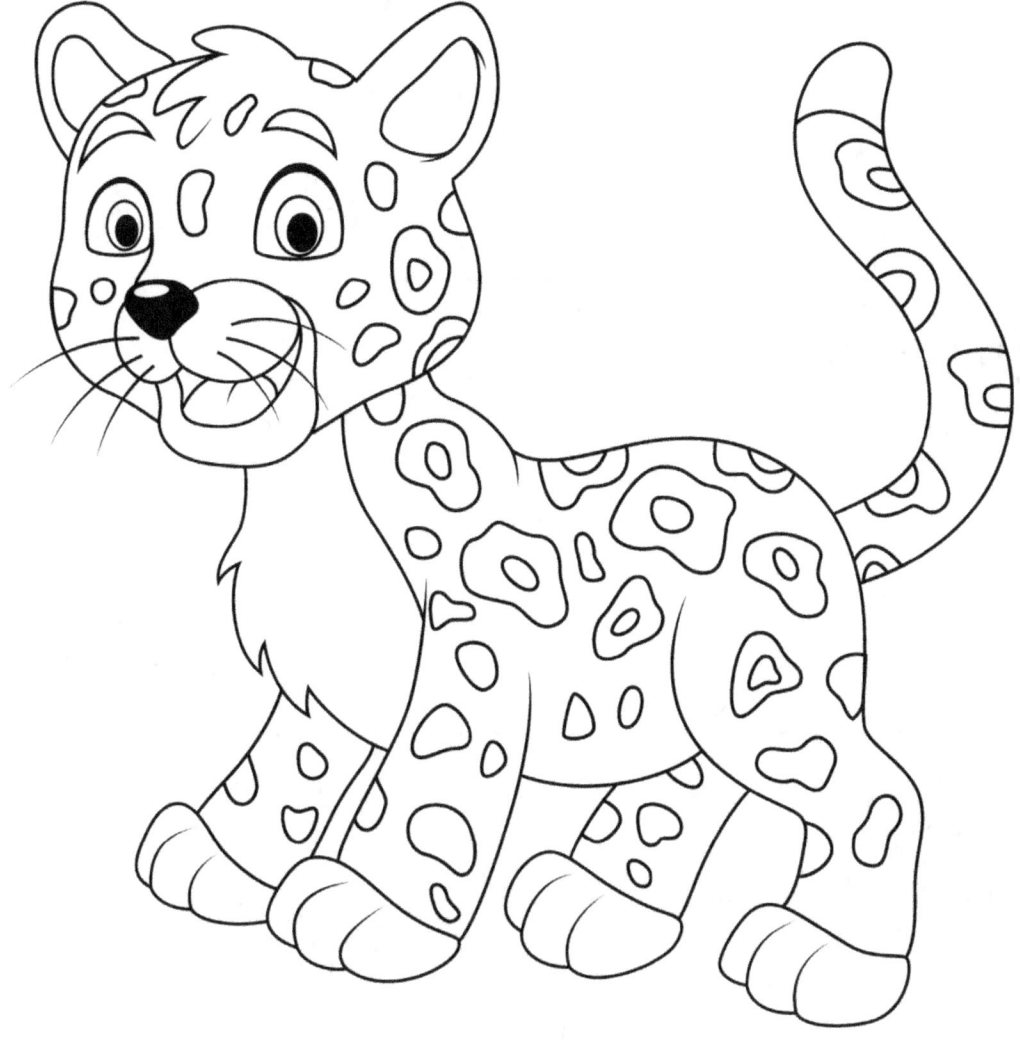

Jaguar

Jaguar
_____

_____

_____

Sorvete

S__doled

Iguana

_guana

Pato

P_tk_

Jaguar

agua

Geléia

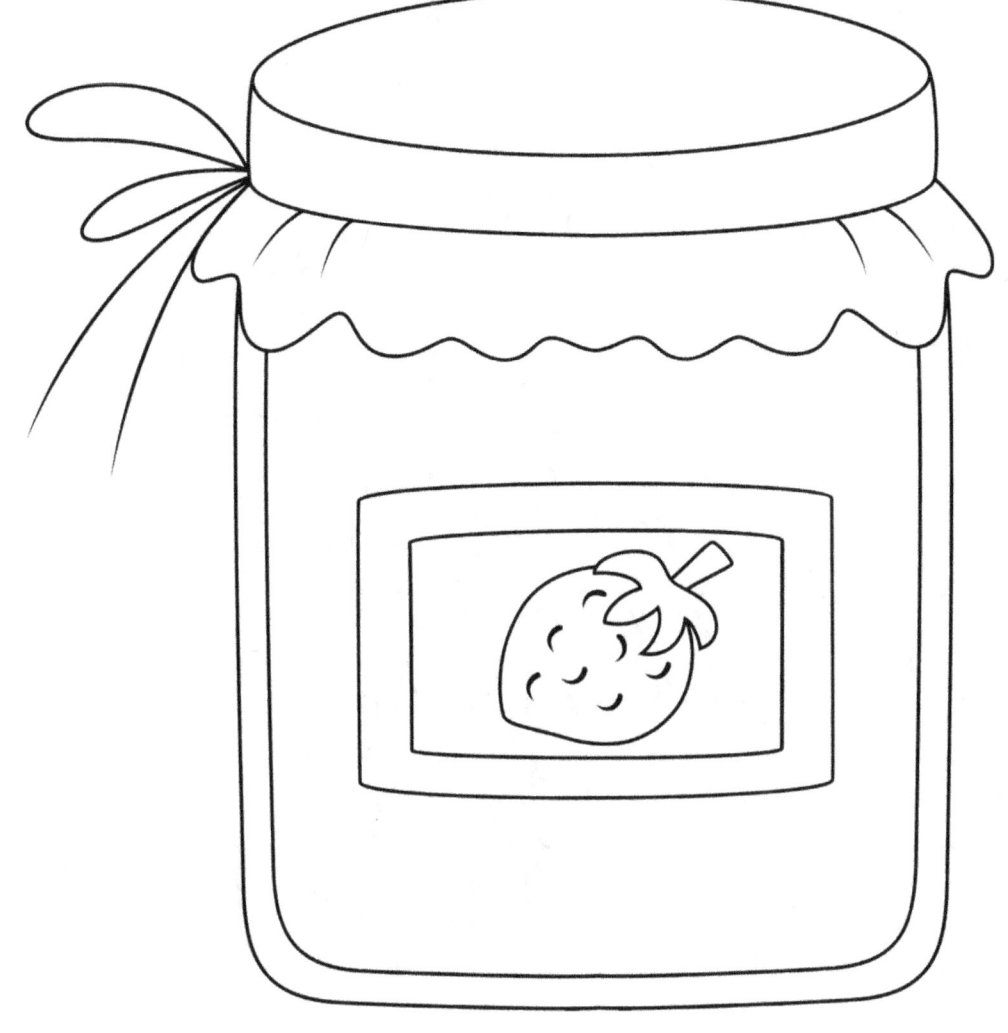

Džem

Džem

Água-viva

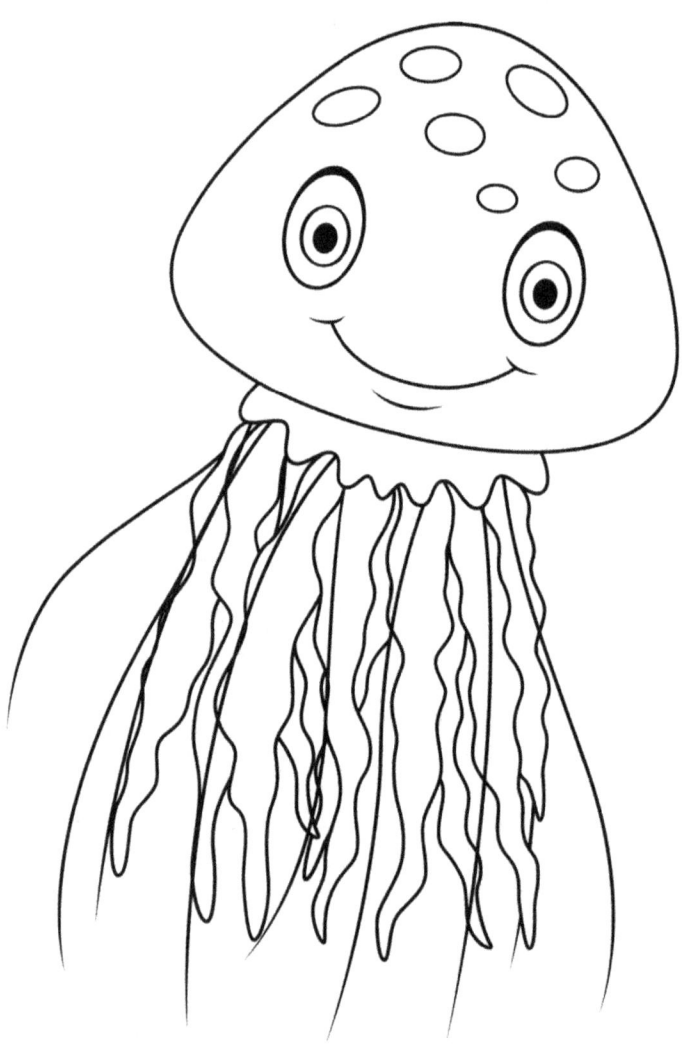

Meduza

Meduza

Zepelim

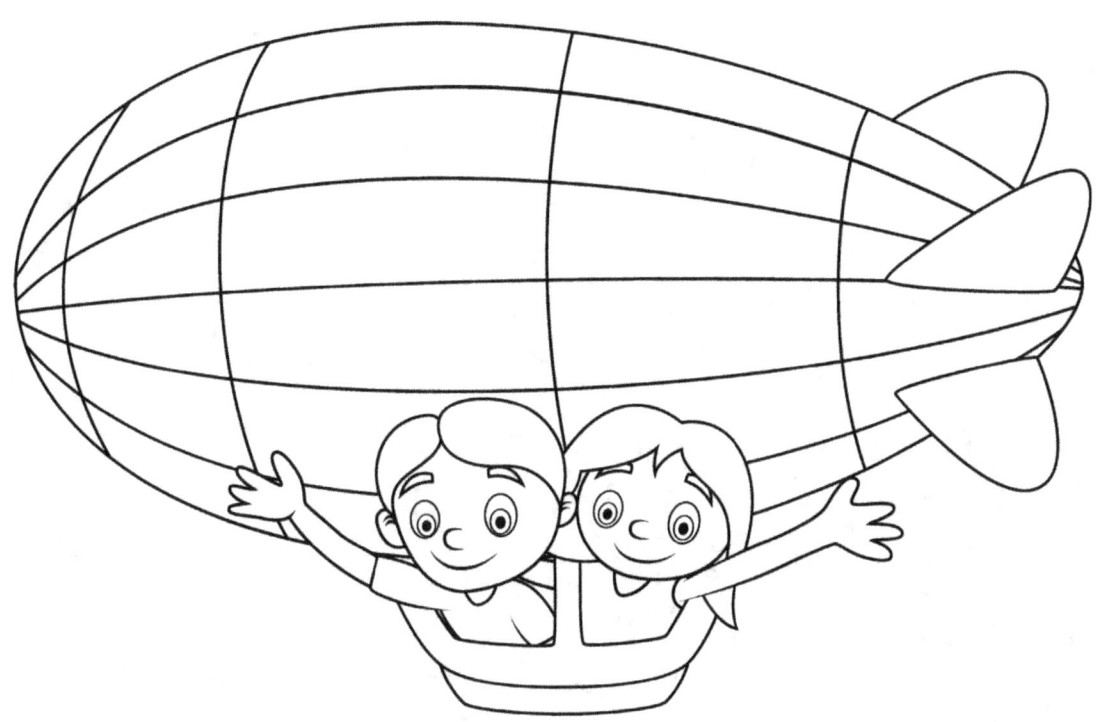

Cepelin

Cepelin

Kiwi

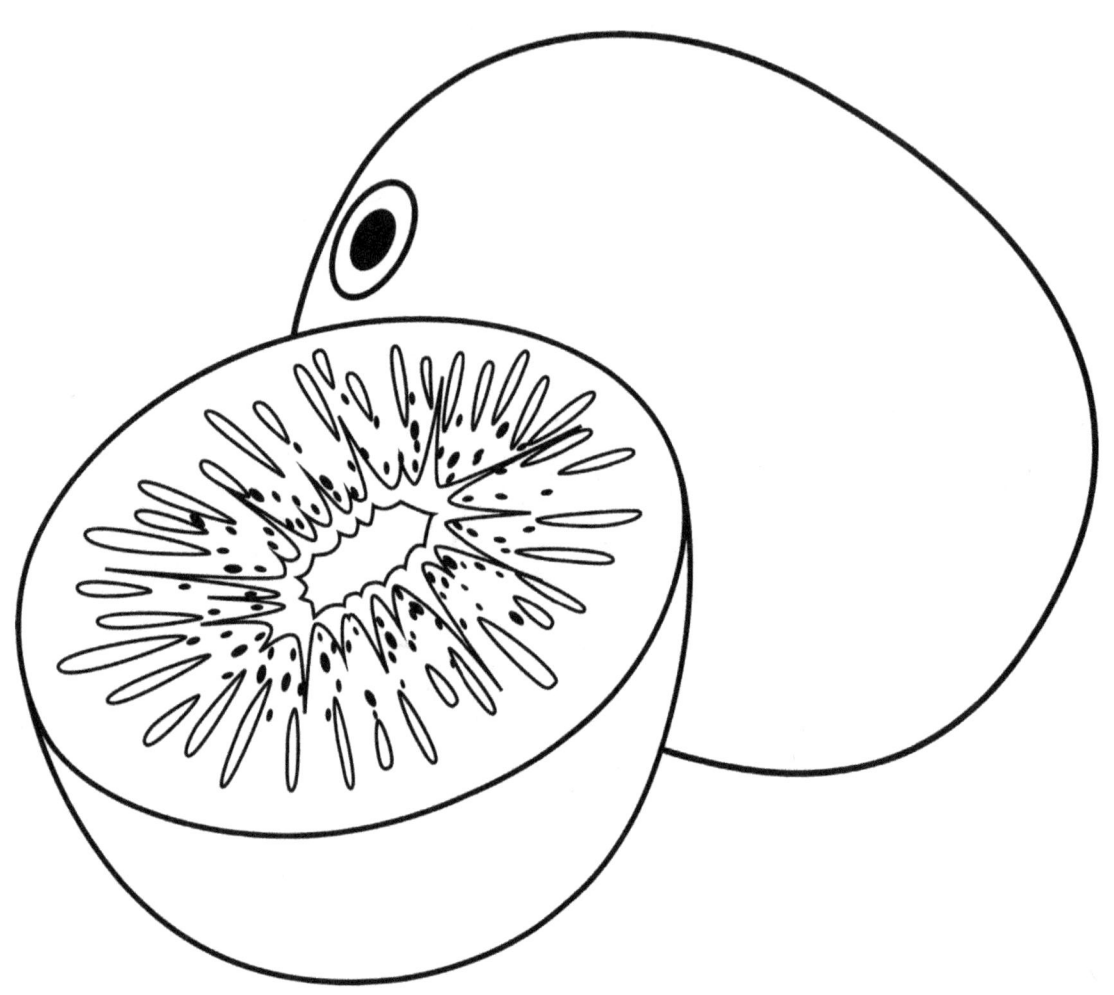

Kivi

Kivi

Geléia

__em

Água-viva

M__uza

Zepelim

Cepe_in

Kiwi

K_v_

Morango

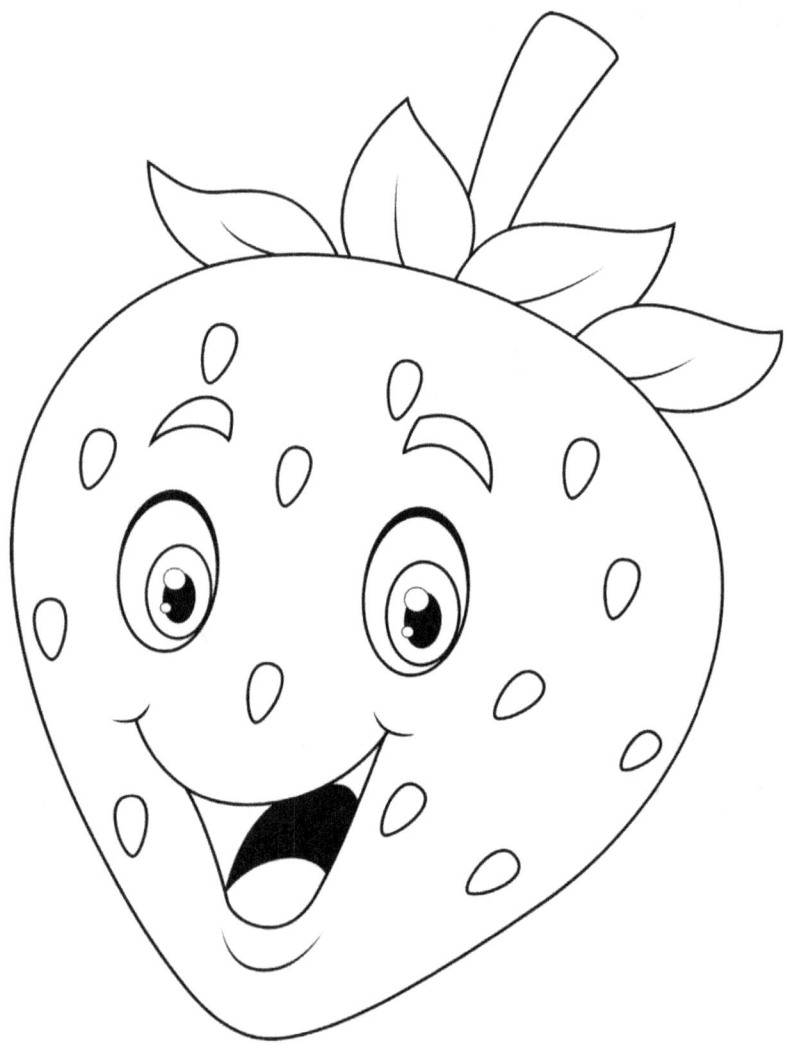

Jagoda

Jagoda
_____

_____

_____

Folhas

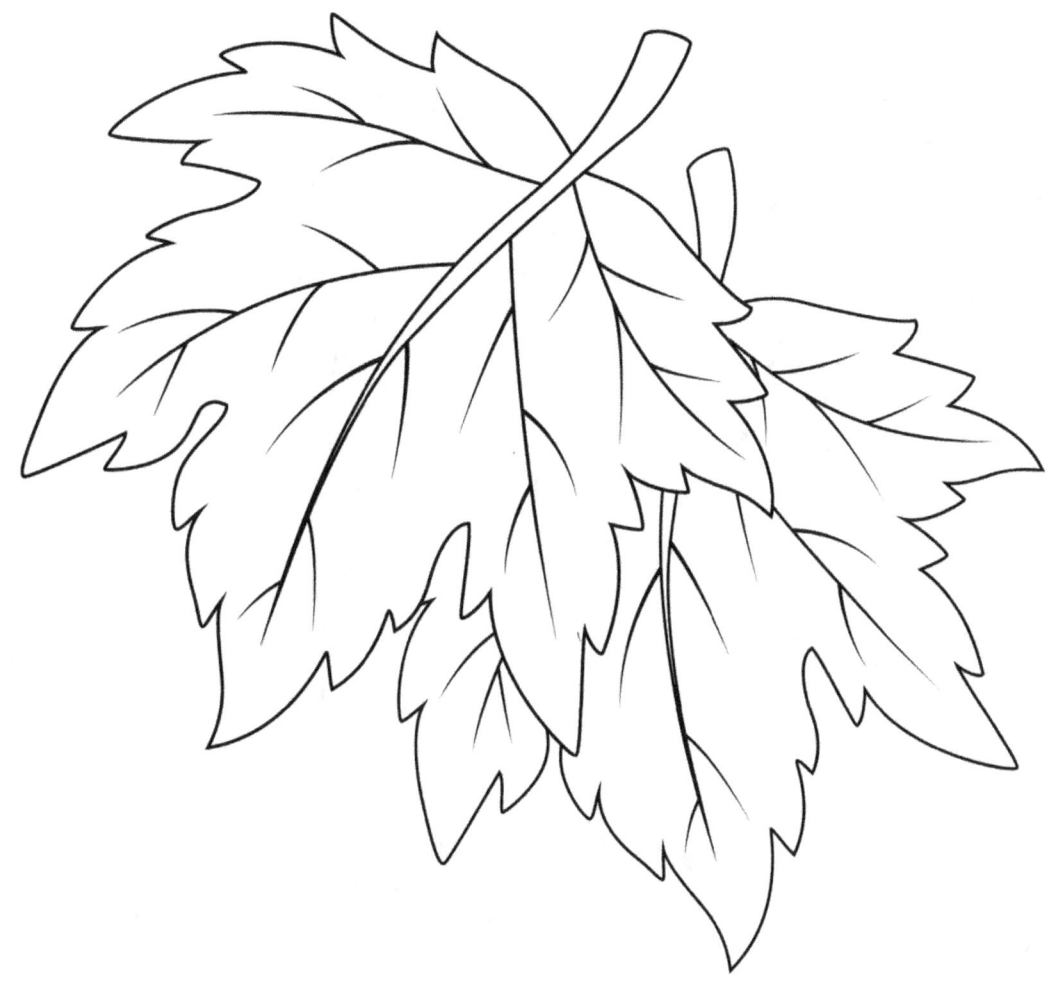

Lišće

Lišće
_____
_____
_____

Lâmpada

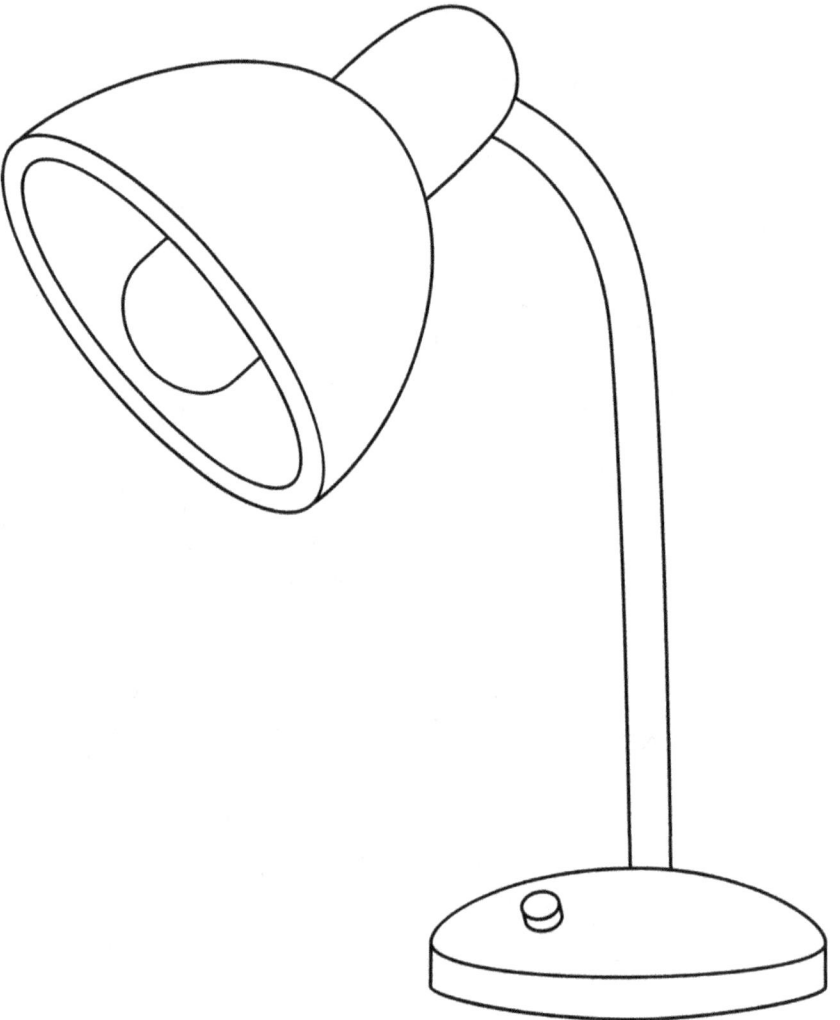

Svjetla

Svjetla
_____

_____

_____

Leão

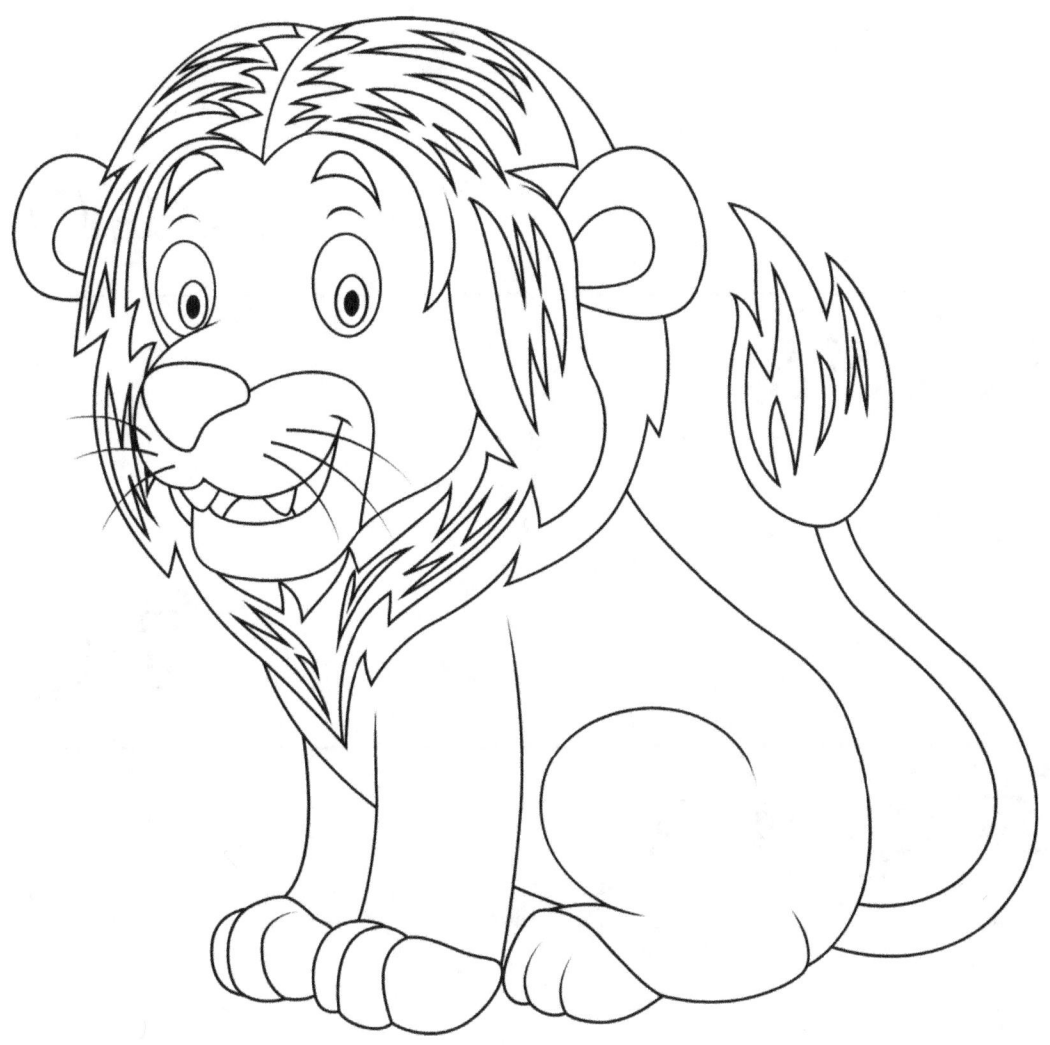

Lav

Lav

Morango

agod

Folhas

Li__e

Lâmpada

S_je_la

Leão

__v

Macaco

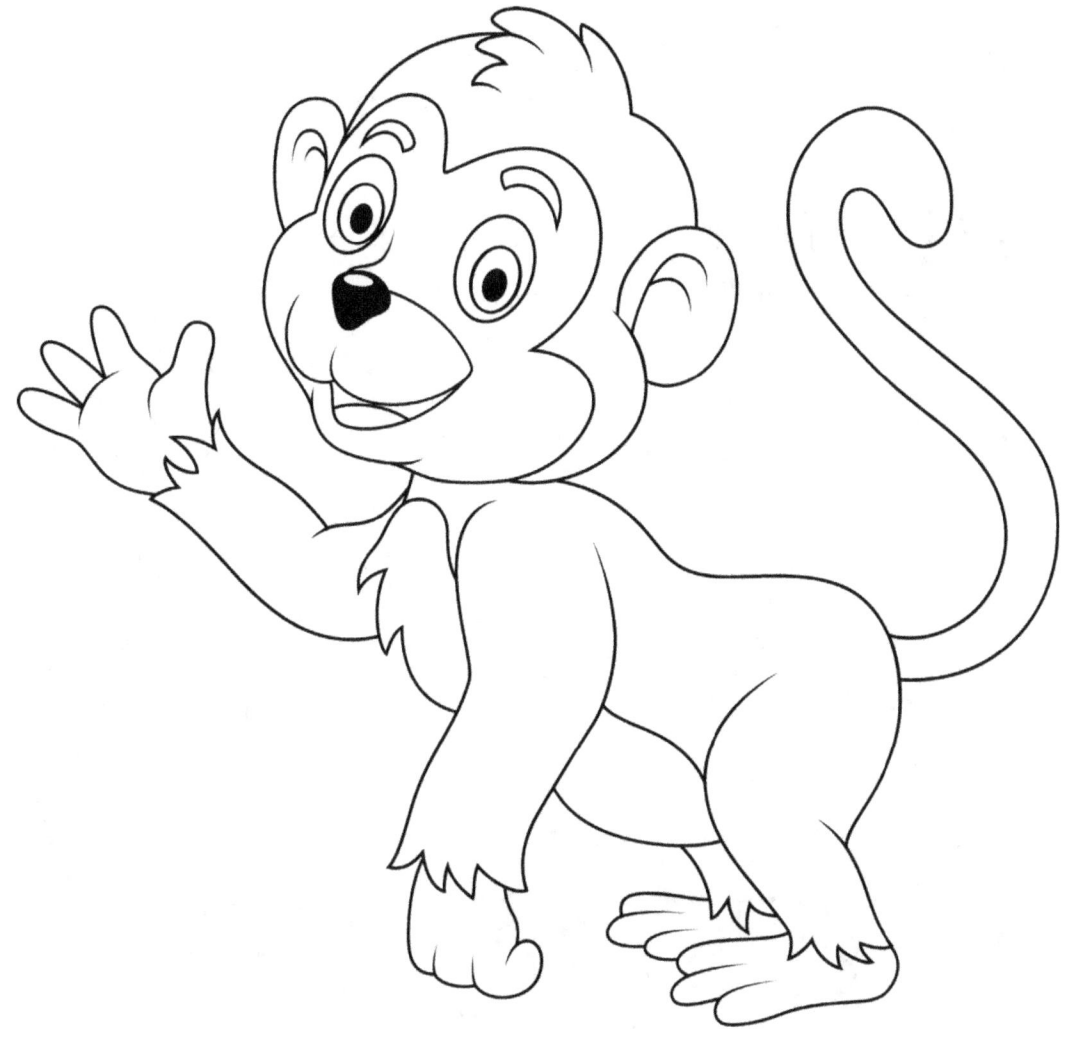

Majmun

Majmun

Rato

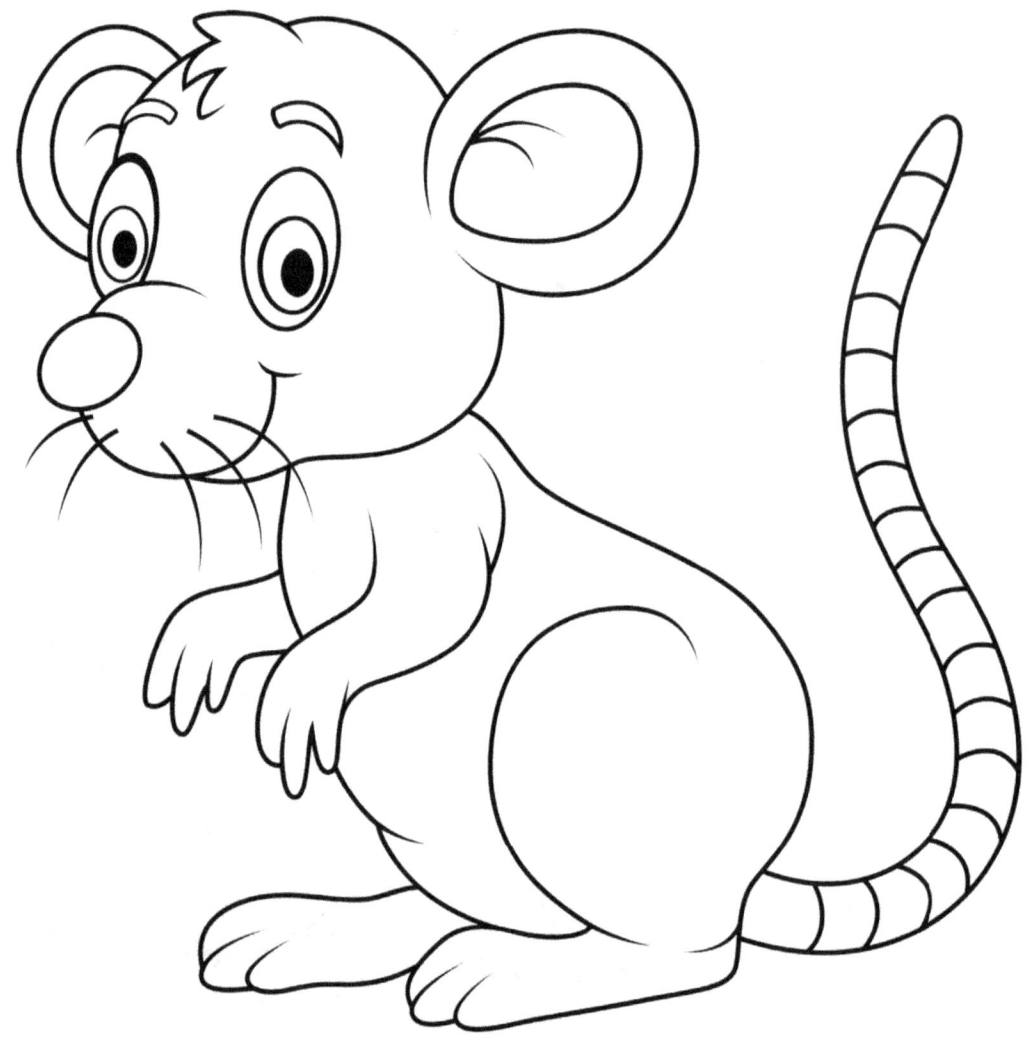

Miš

Miš

Mata-moscas

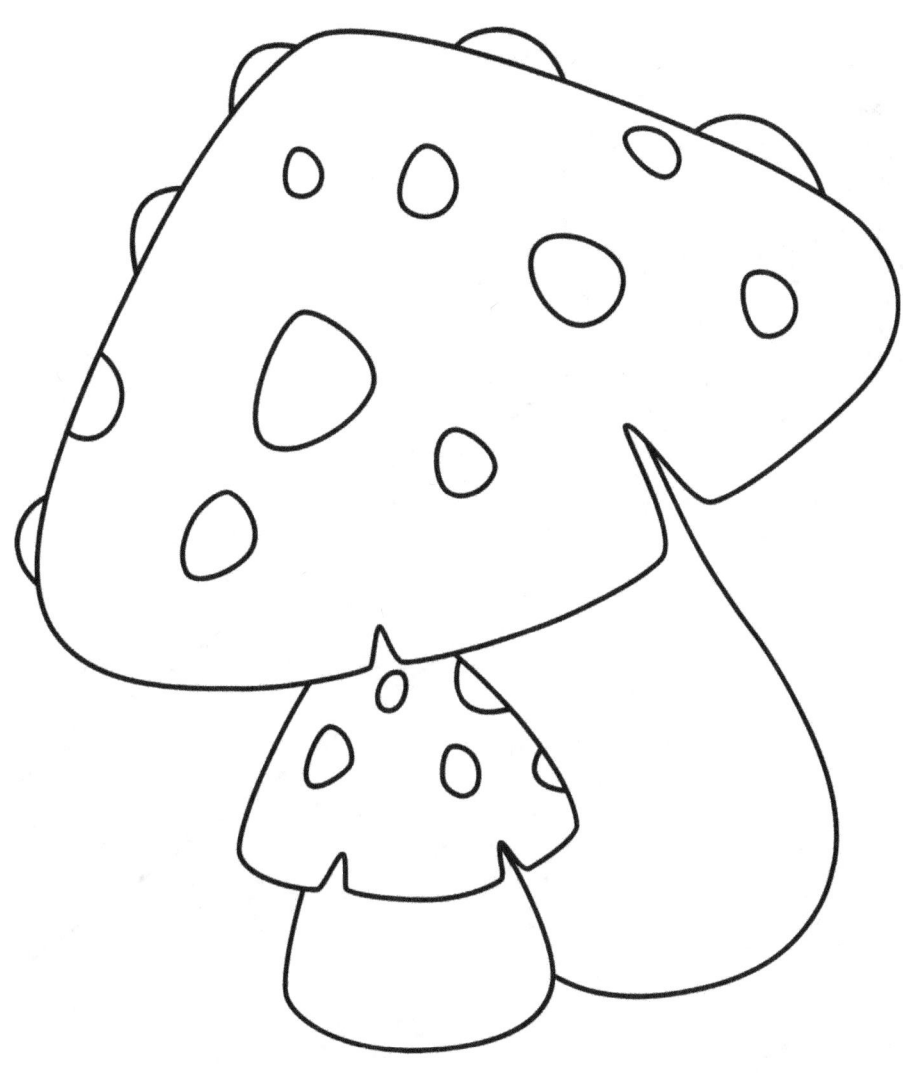

Crvena muhara

Crvena muhara

Prego

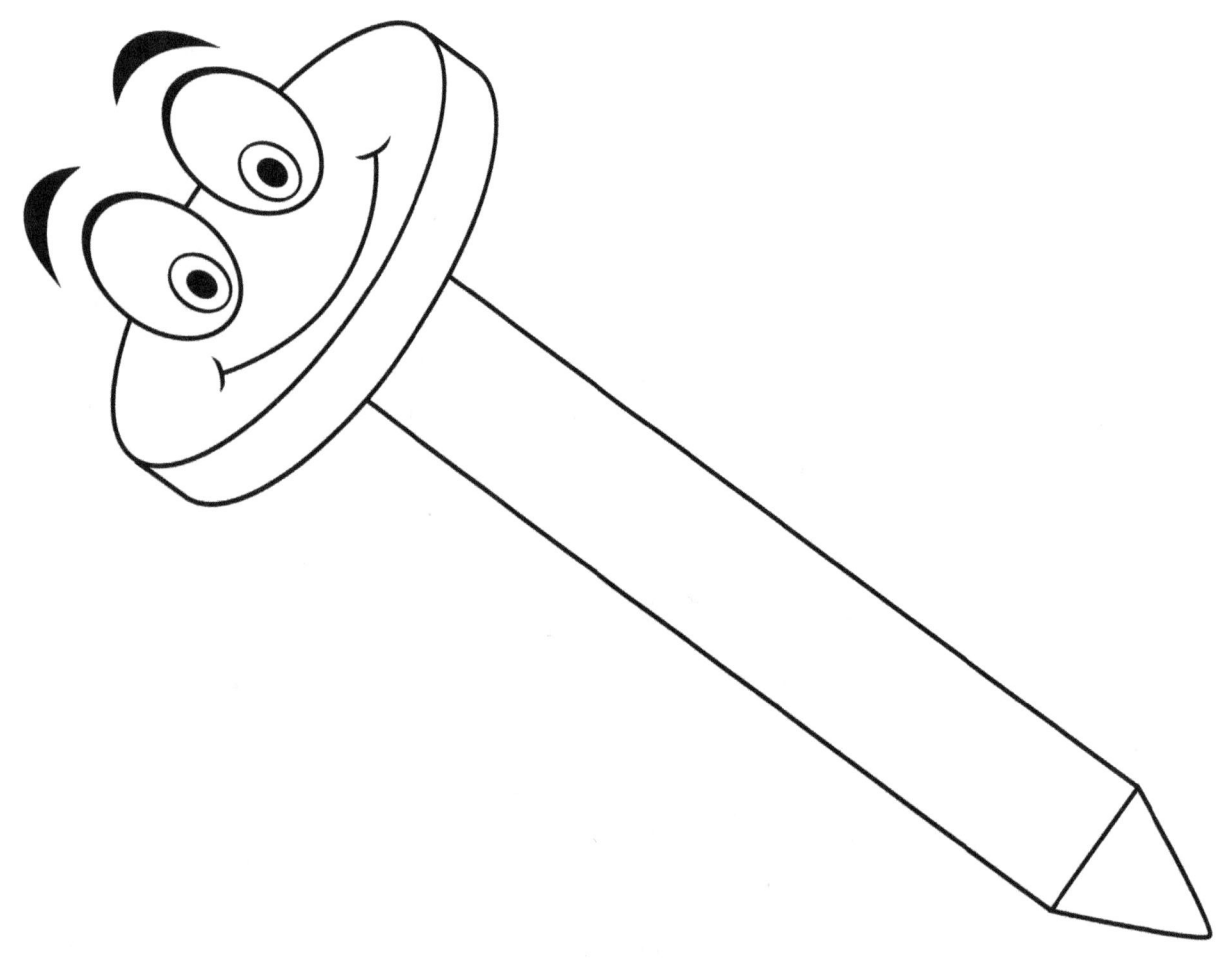

Čavao

Čavao

Macaco

M_j_un

Rato

Mi_

Mata-moscas

C__ena muhara

Prego

Č__ao

Cavalo

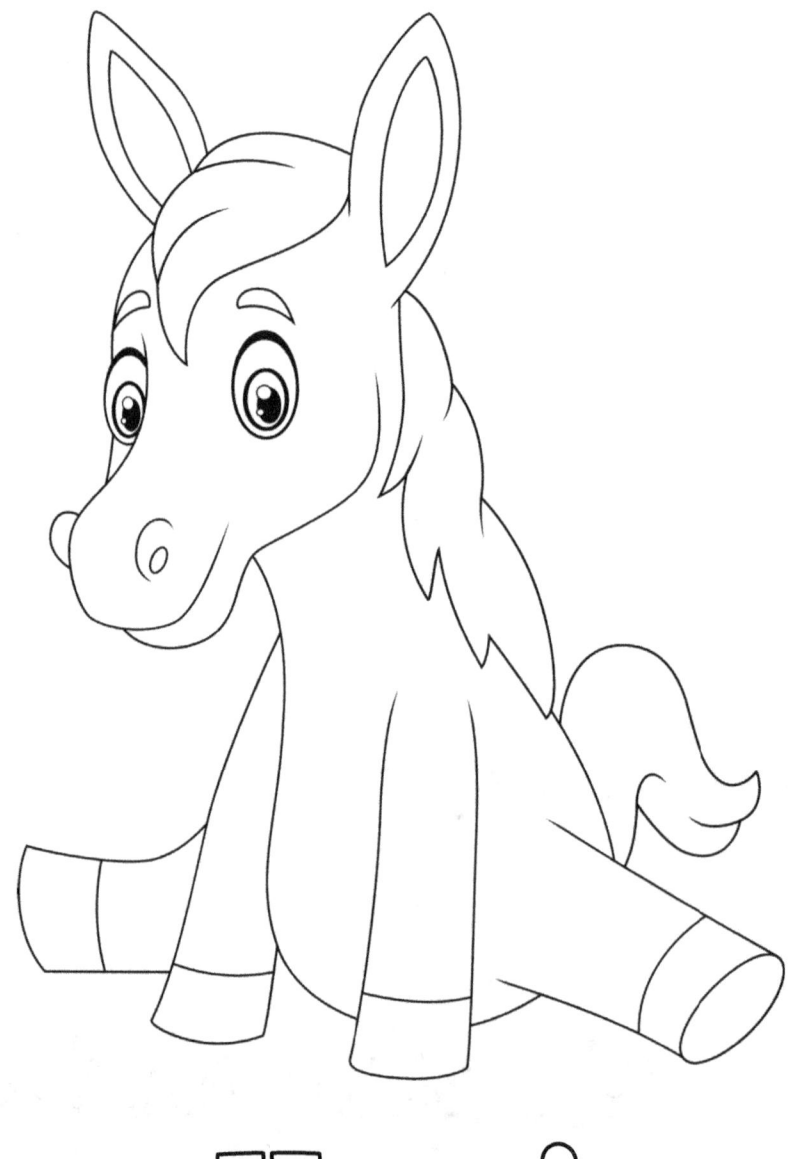

Konj

Konj
_____

_____

_____

Noz

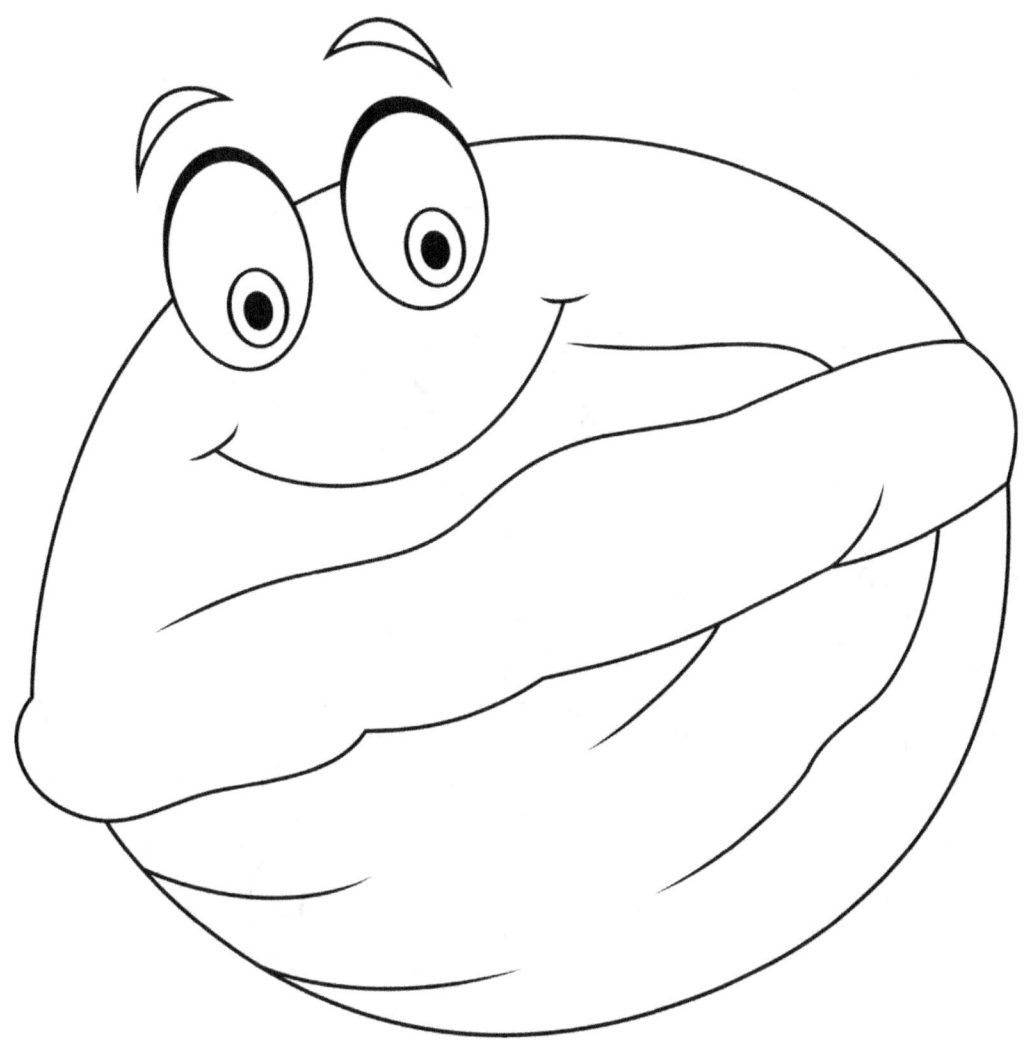

Orah

Orah

Polvo

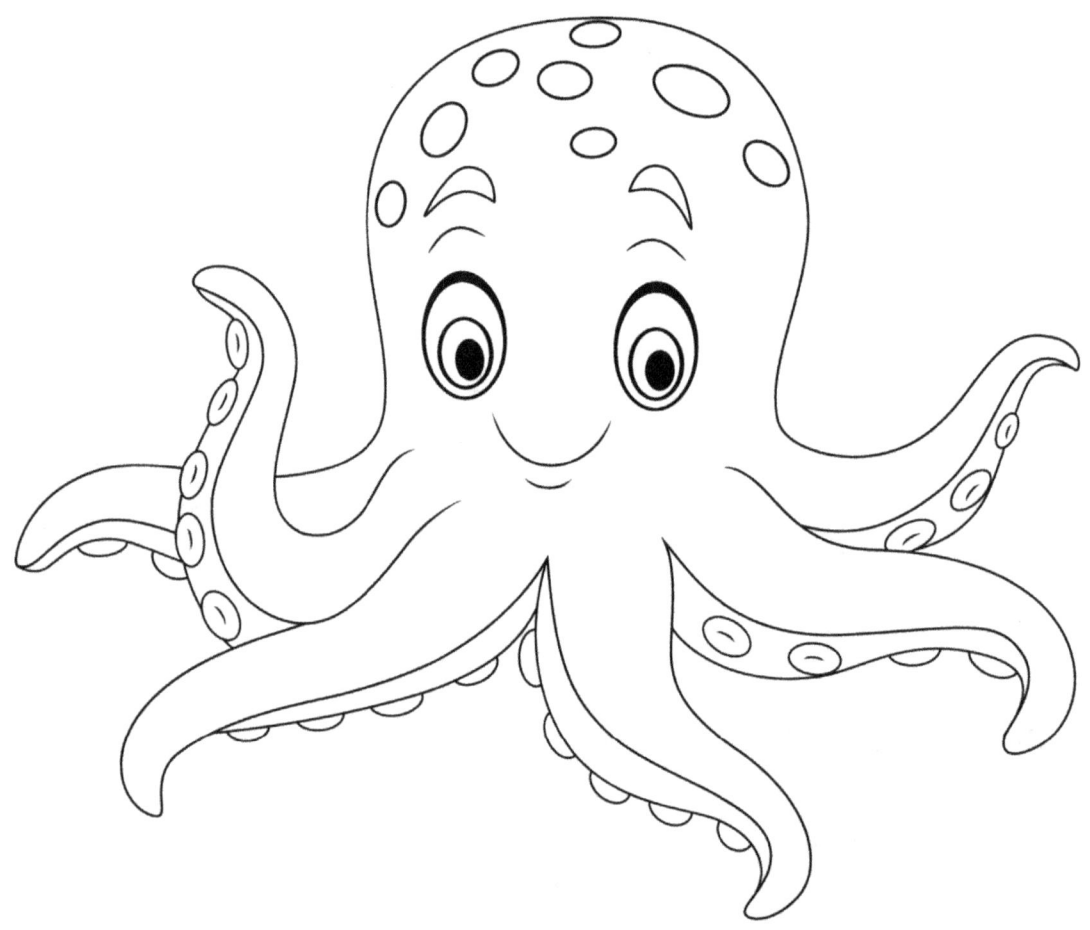

Hobotnica

Hobotnica

Laranja

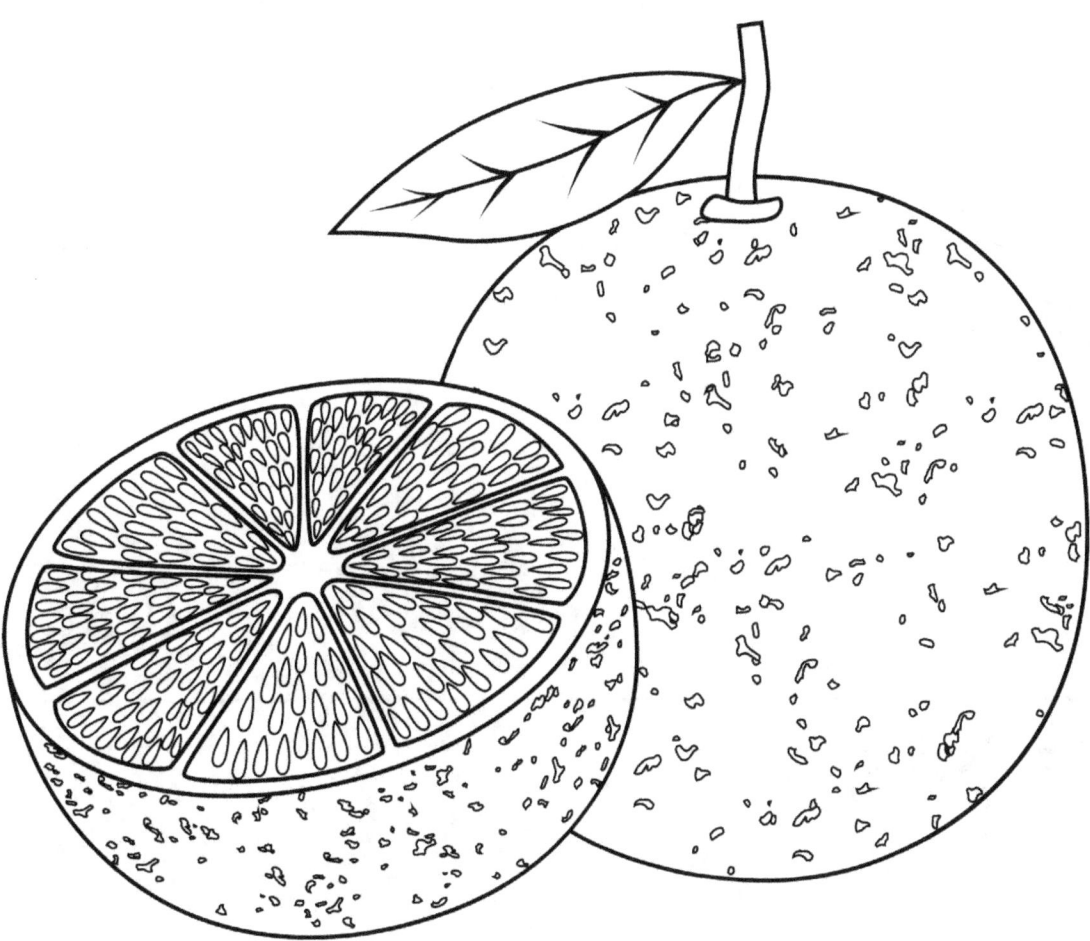

Naranča

Naranča

Cavalo

_o_j

Noz

Or__

Polvo

Hob_t_ica

Laranja

Na_a_ča

Coruja

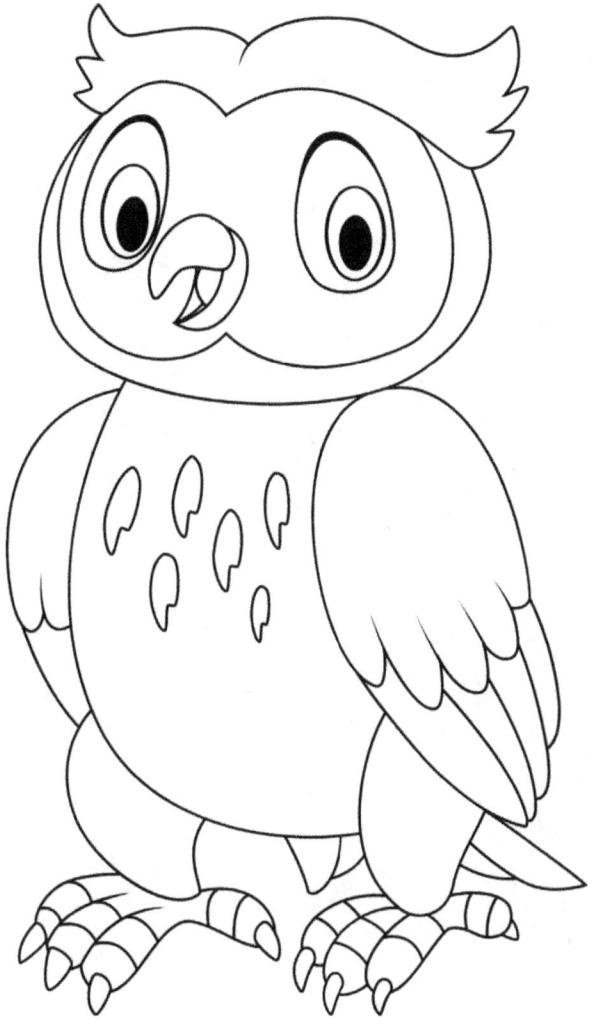

Sova

Sova

Caneta

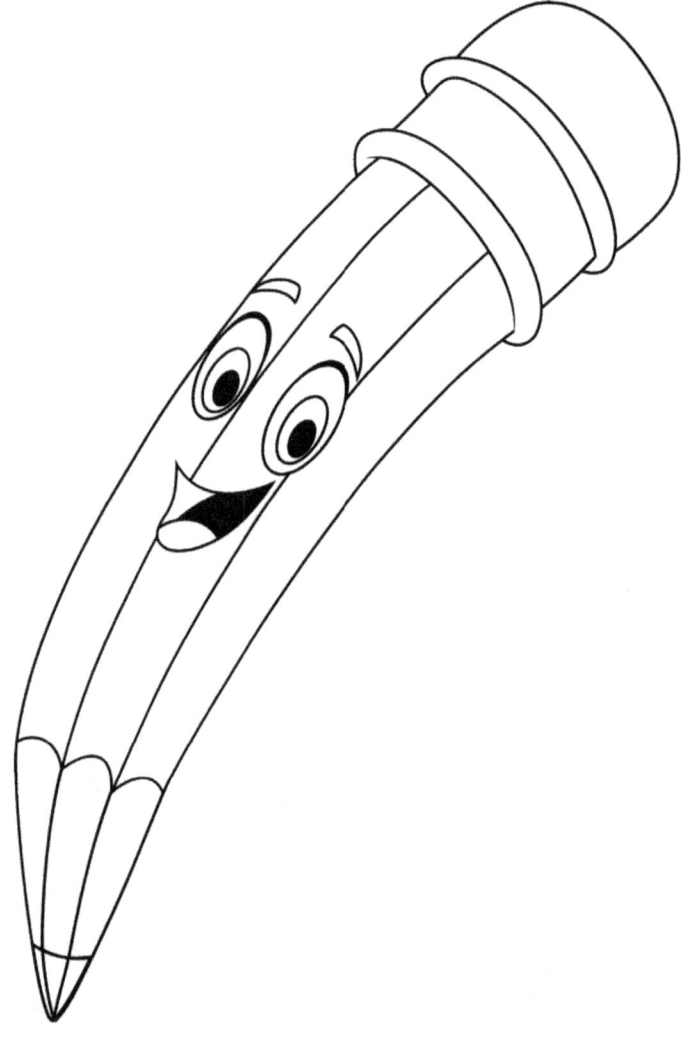

Olovka

Olovka
_____

_____

_____

Torta

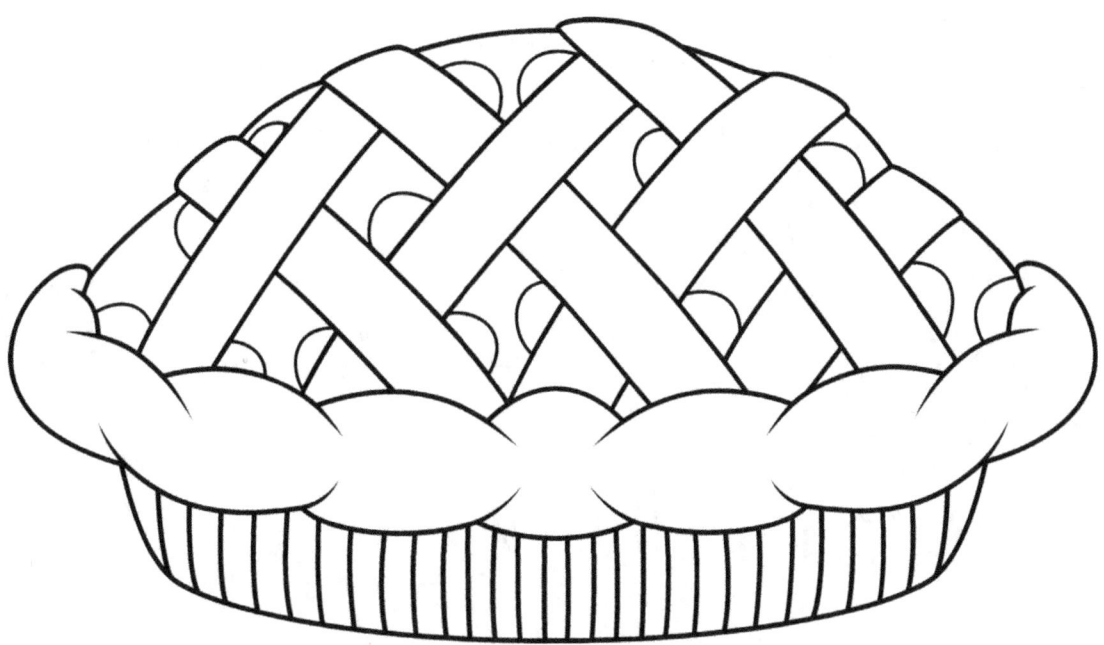

Pita

Pita _____
_____
_____

Porco

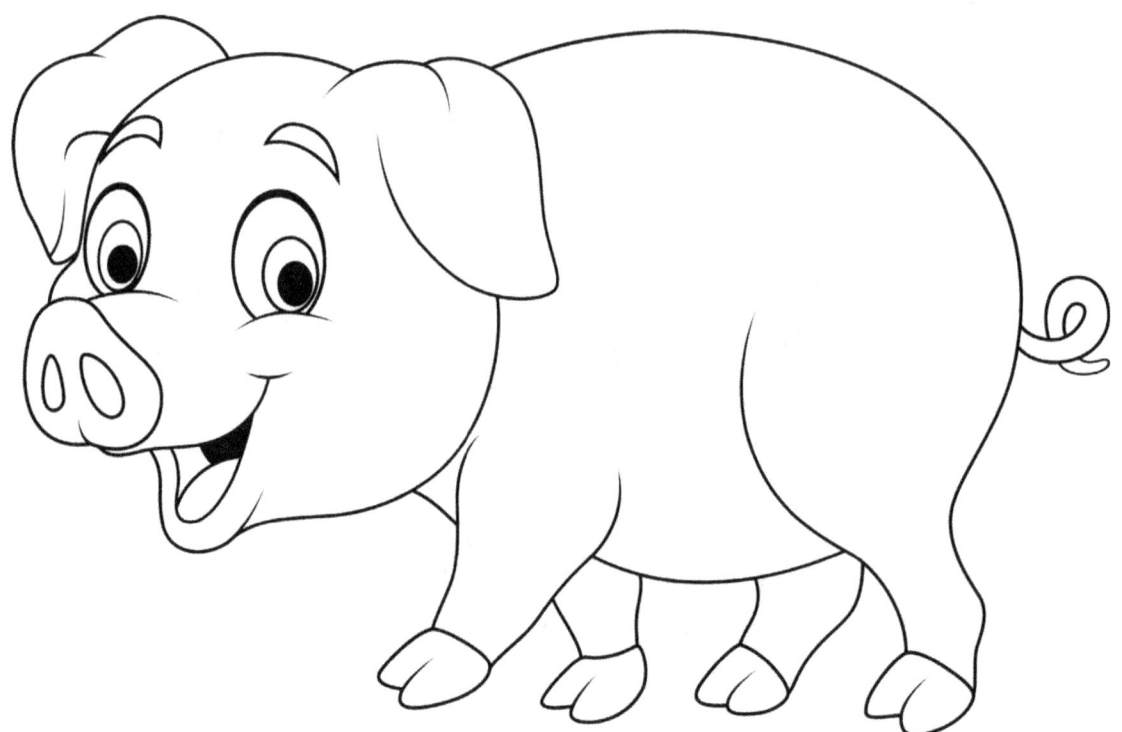

Svinja

Svinja

Coruja

So__

Caneta

Ol_vk_

Torta

Pi_a

Porco

Svi_ja

Pássaro

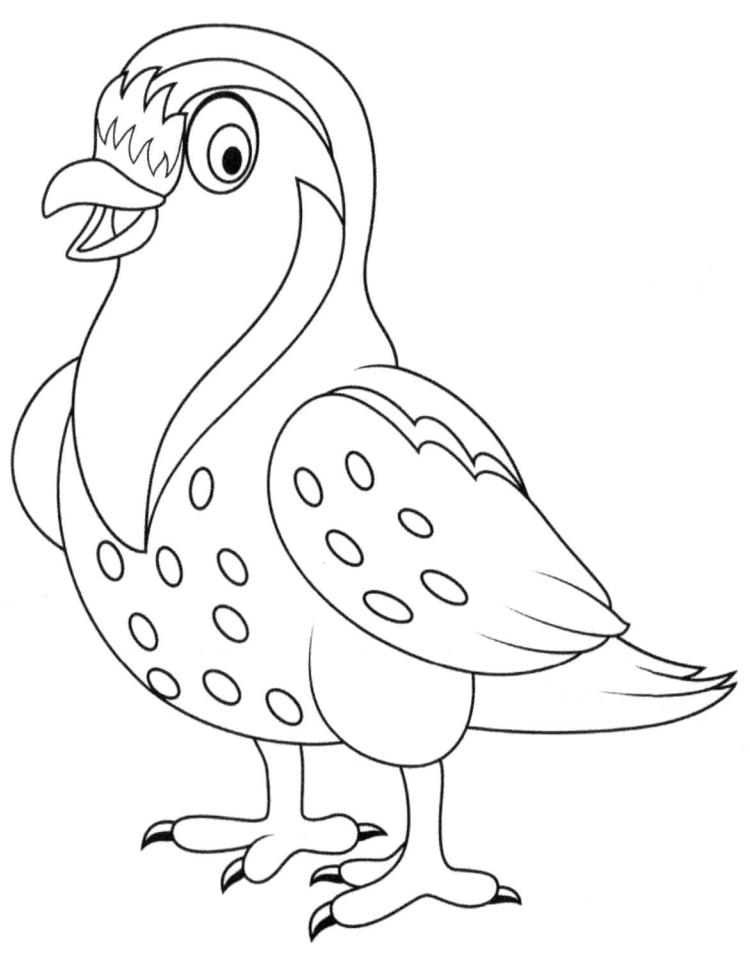

Ptica

Ptica
_____
_____
_____

Rainha

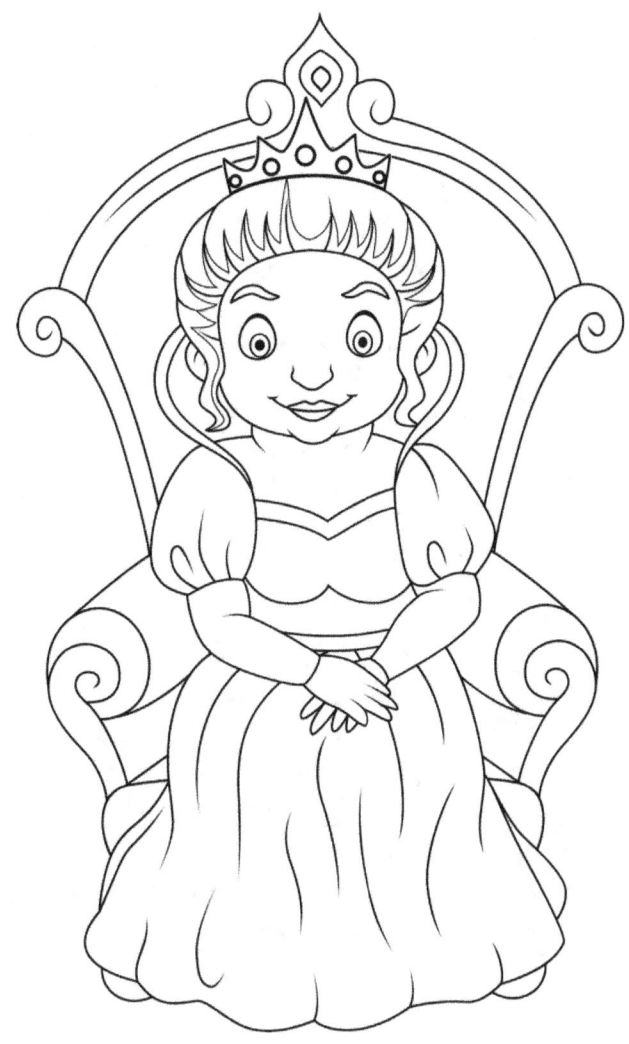

Kraljica

Kraljica
_____

_____

_____

Pena

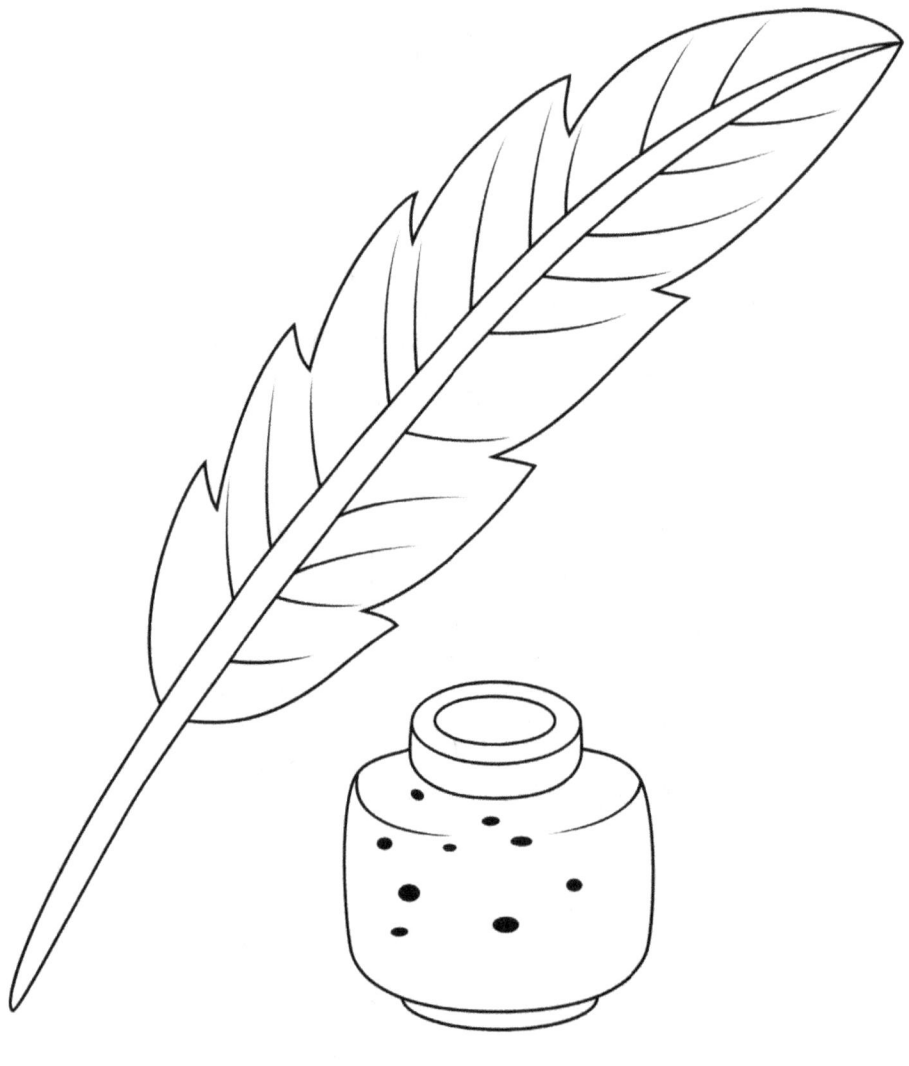

Pero

Pero

Coelho

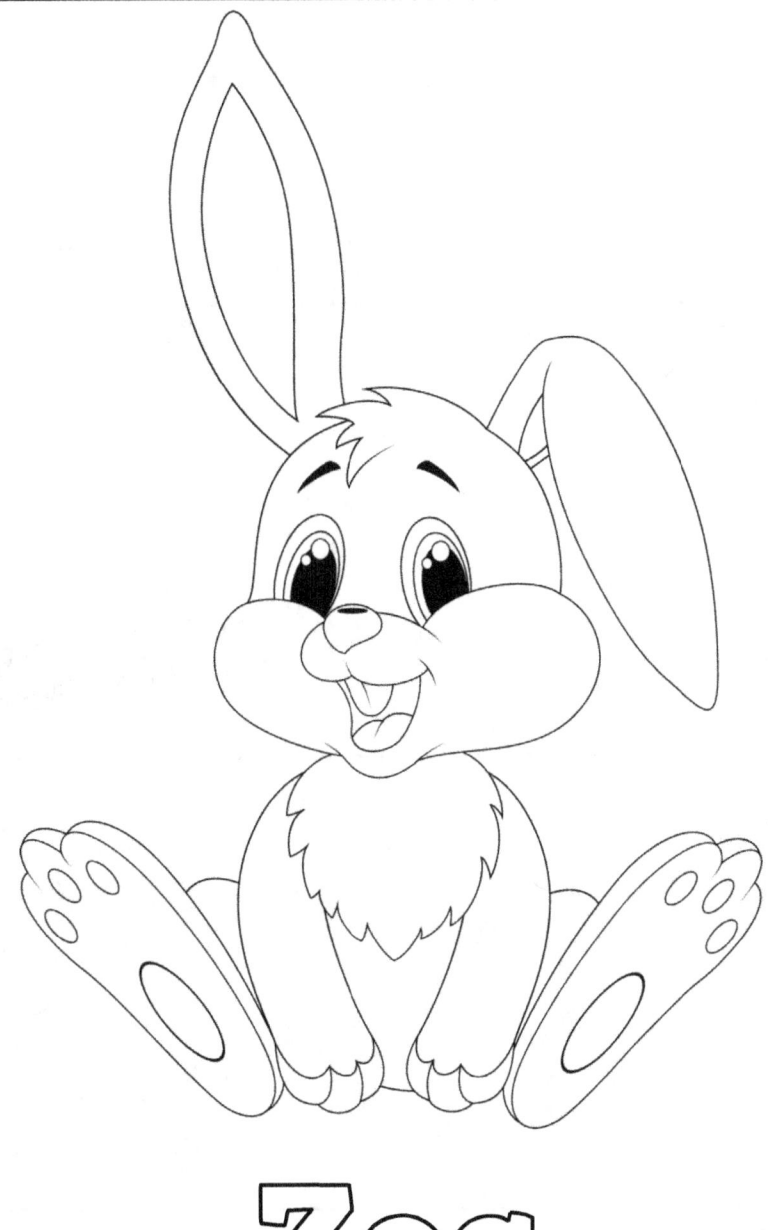

Zec

Zec
_____
_____
_____

Pássaro

P_i_a

Rainha

Kralj__a

Pena

P__o

Coelho

Ze_

Rinoceronte

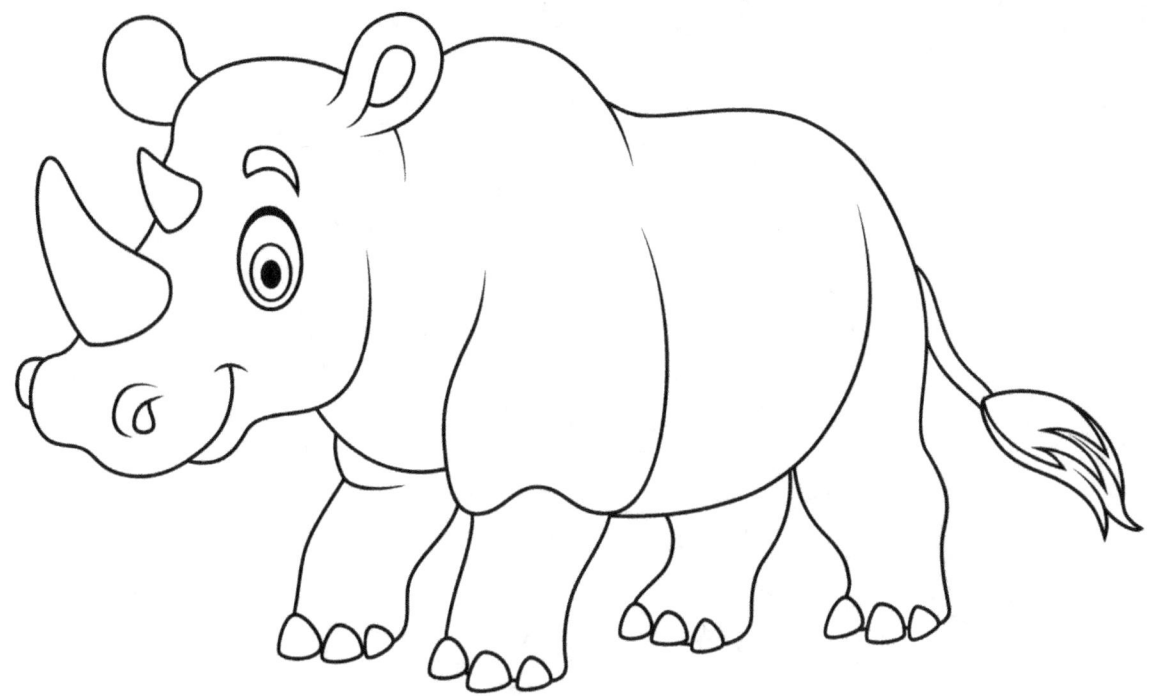

Nosorog

Nosorog
_____

_____

_____

Robô

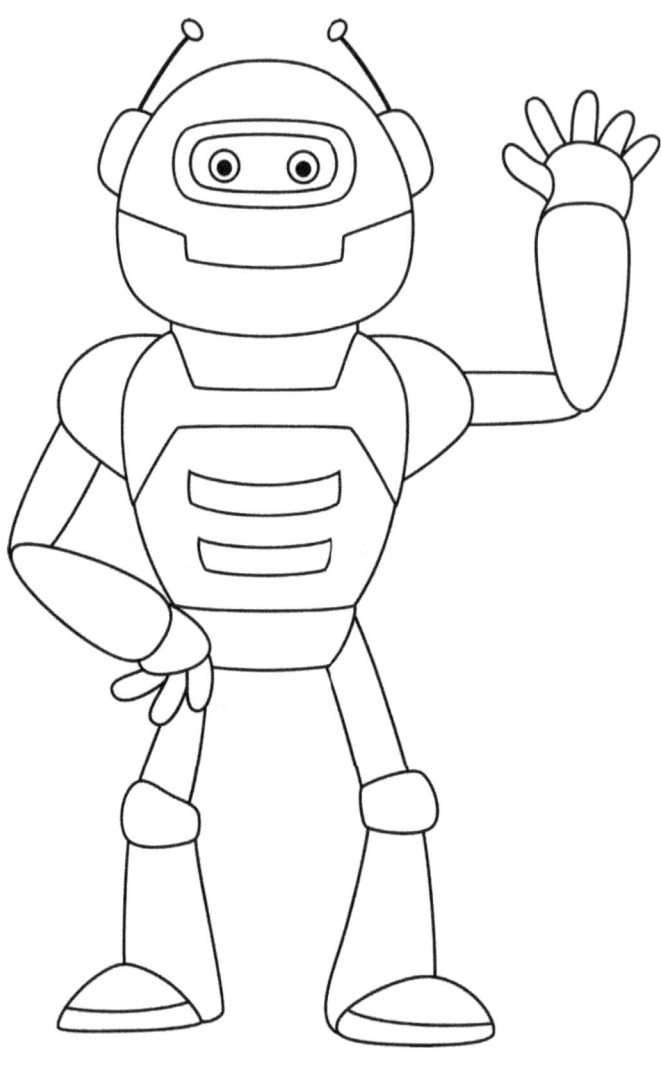

Robot

Robot
_____

_____

_____

Tigre

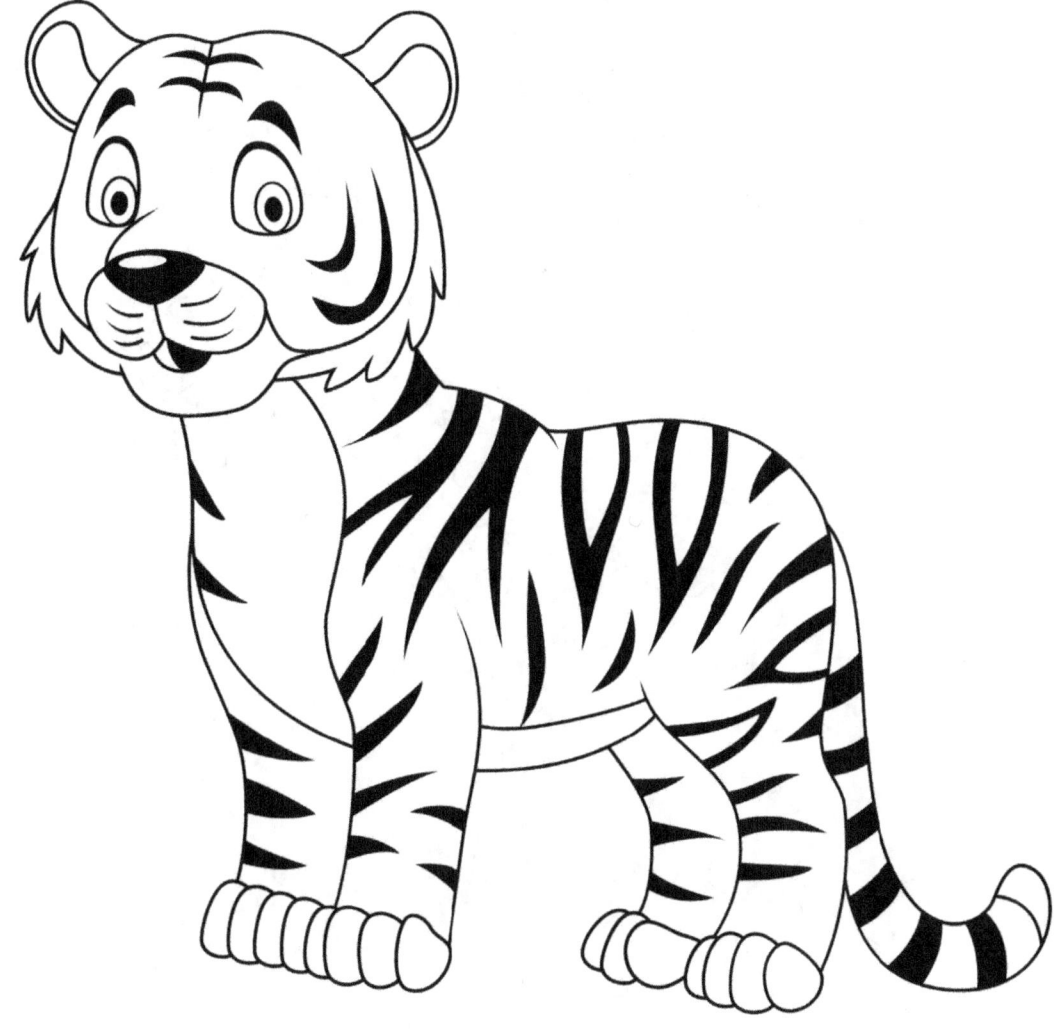

Tigar

Tigar

Árvore

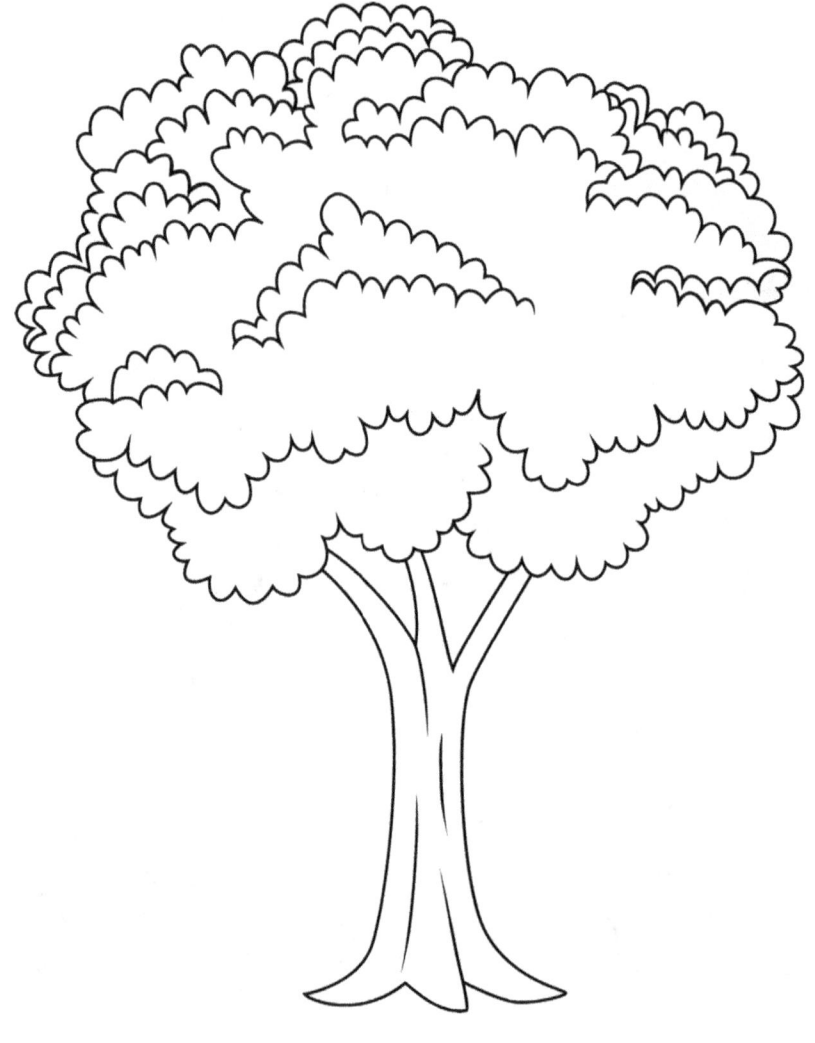

Drvo

Drvo
_____

_____

Rinoceronte

osoro

Robô

R__ot

Tigre

Ti_a_

Árvore

D__o

Guarda-chuva

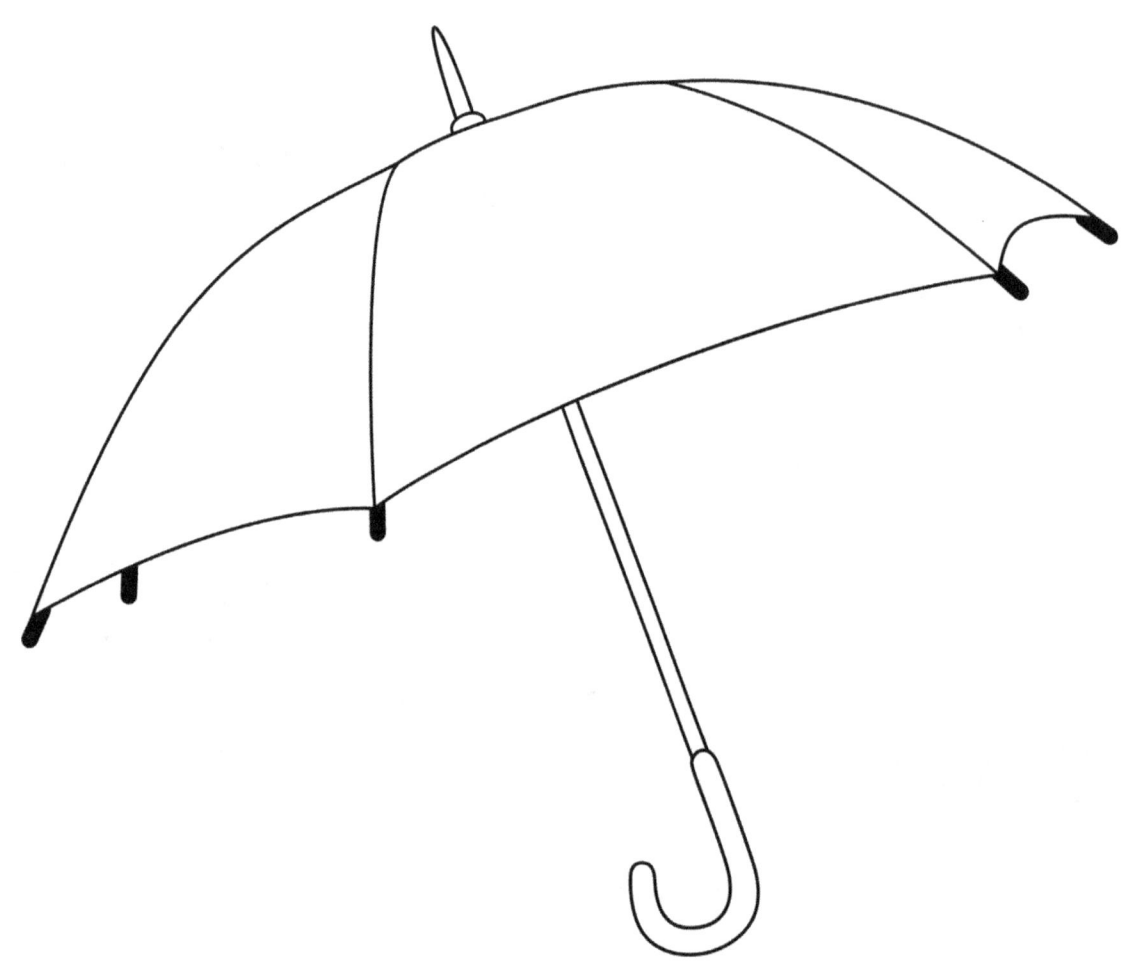

Kišobran

Kišobran
_____

_____
_____

Ouriço-do-mar

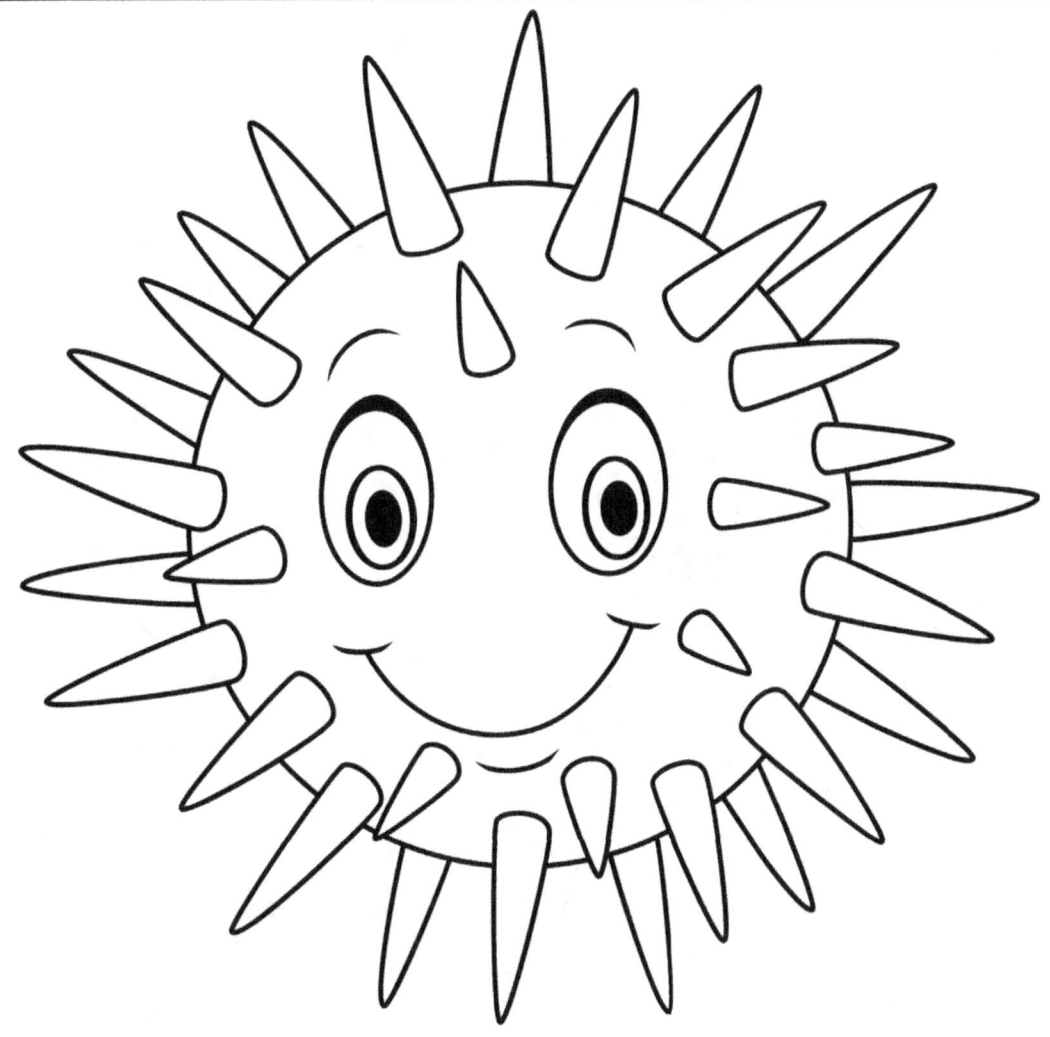

Ježinac

Ježinac

Sol

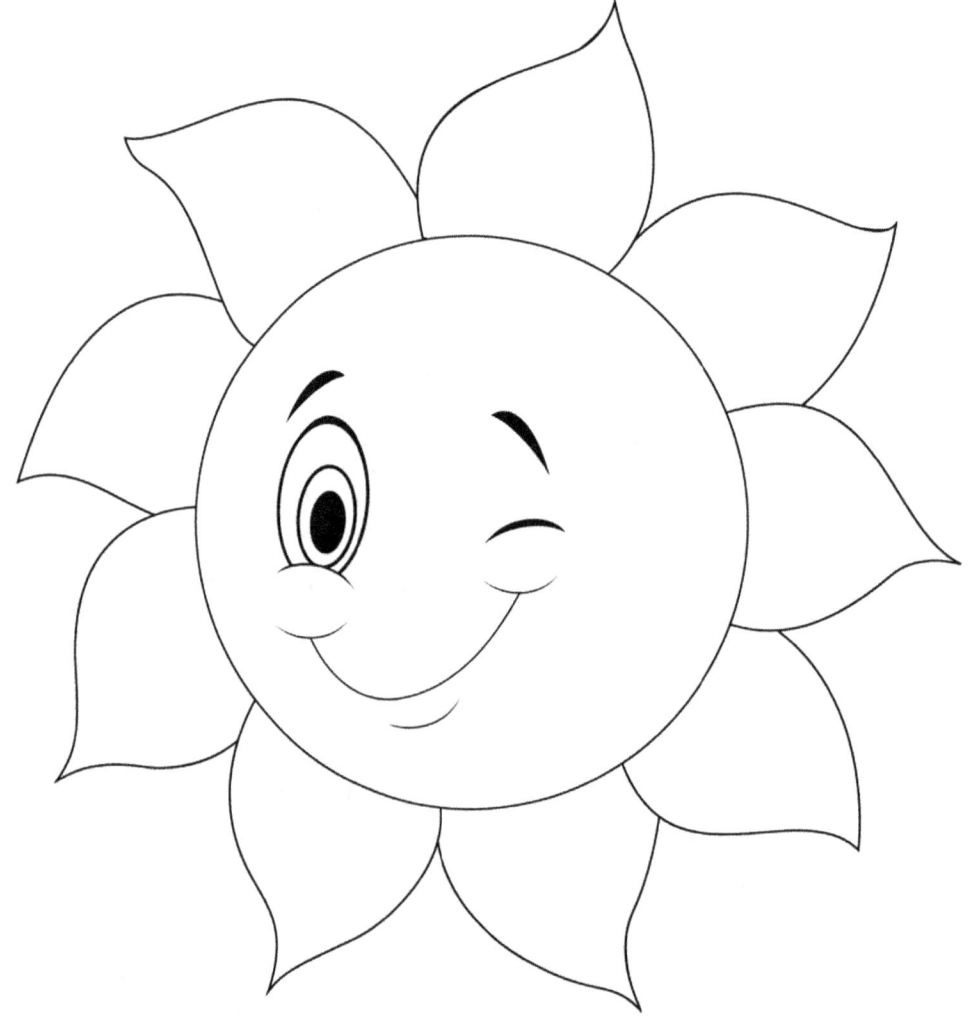

Sunce

Sunce
_____

_____

_____

Vegetal

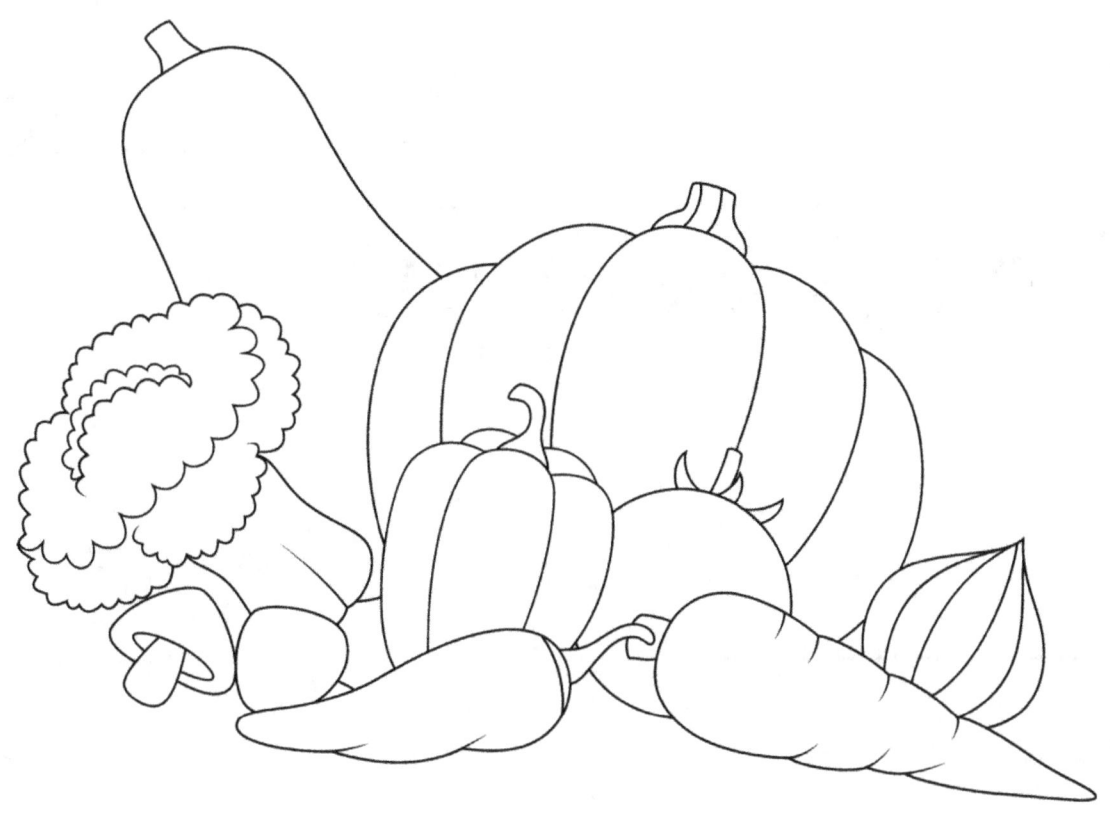

Povrće

Povrće
_____
_____
_____

Guarda-chuva

Kiš_bran

Ouriço-do-mar

Je_in_c

Sol

unc

Vegetal

Po_rć_

Vulcão

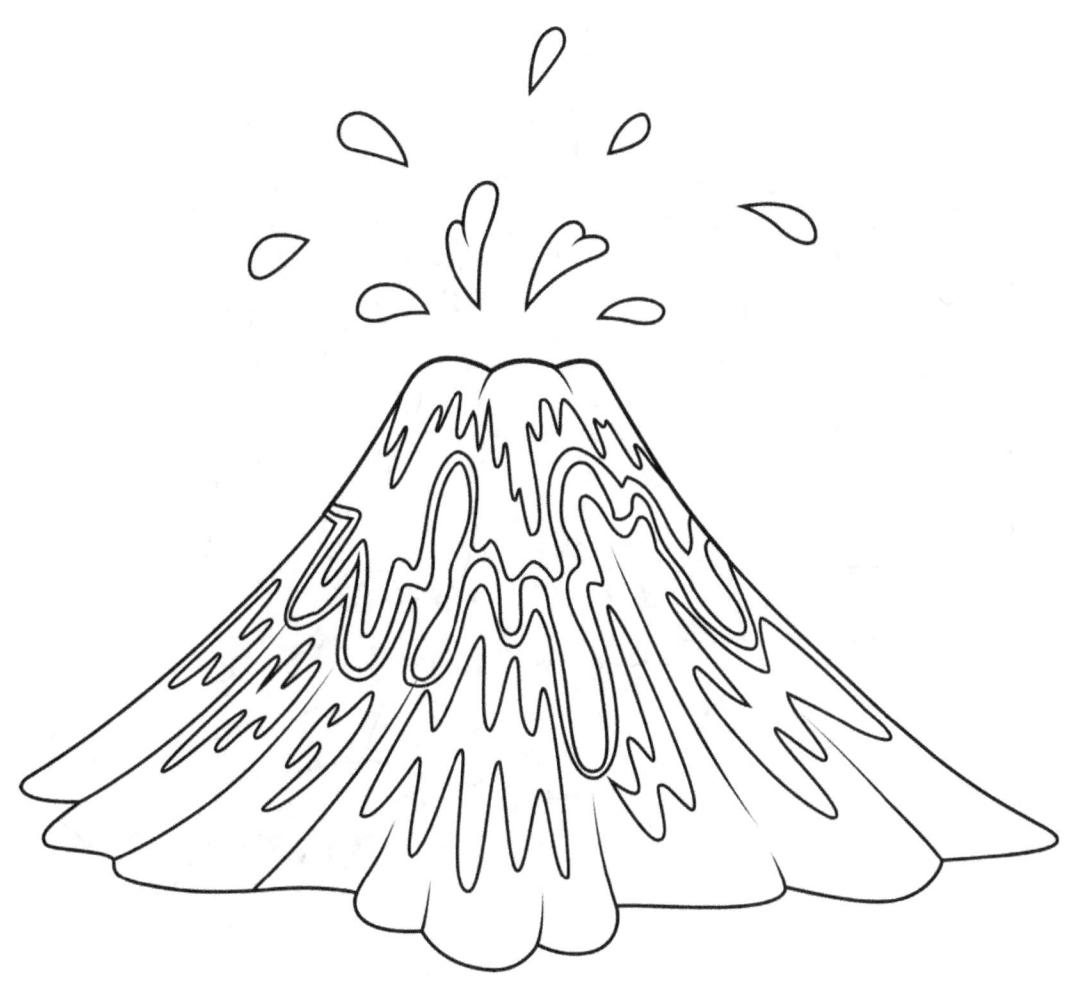

Vulkan

Vulkan
_____

_____
_____

Abutre

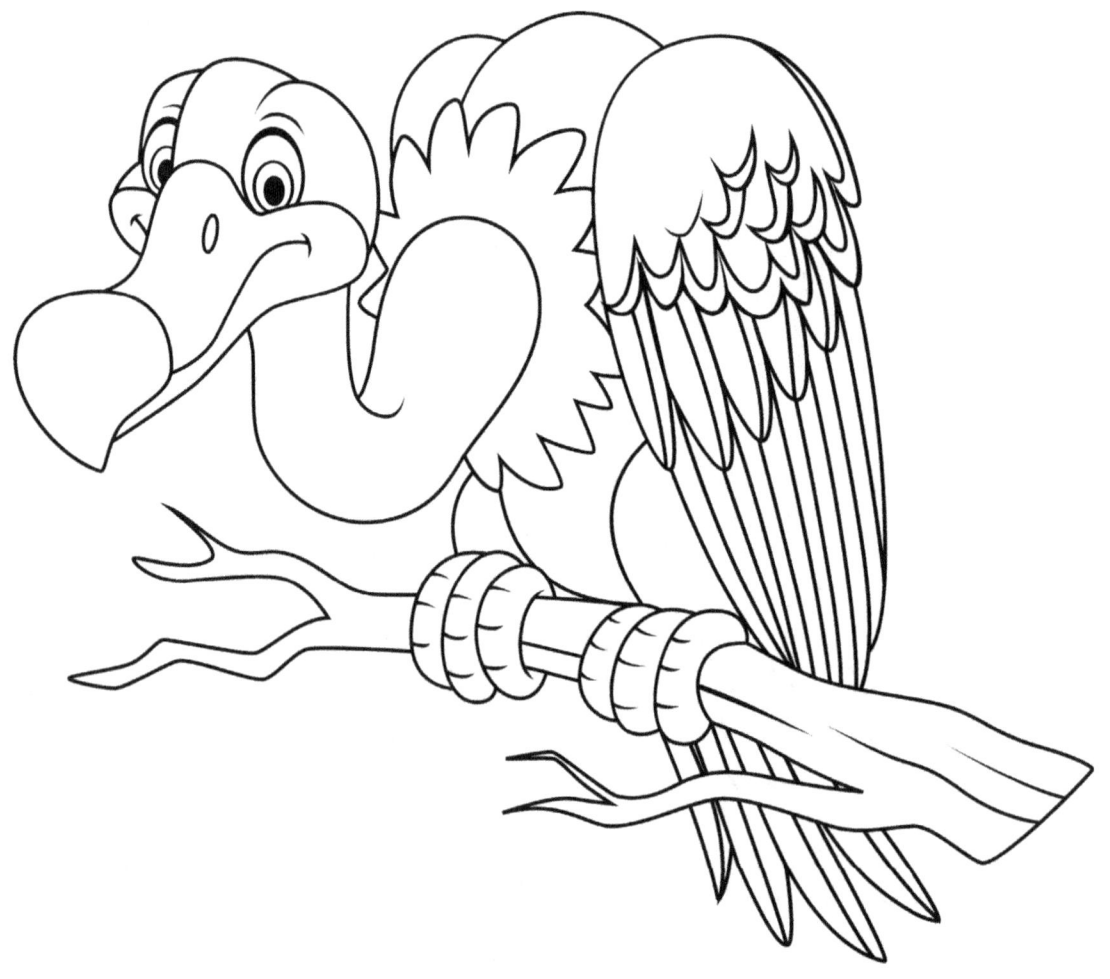

Sup

Sup
_____

_____

_____

Melancia

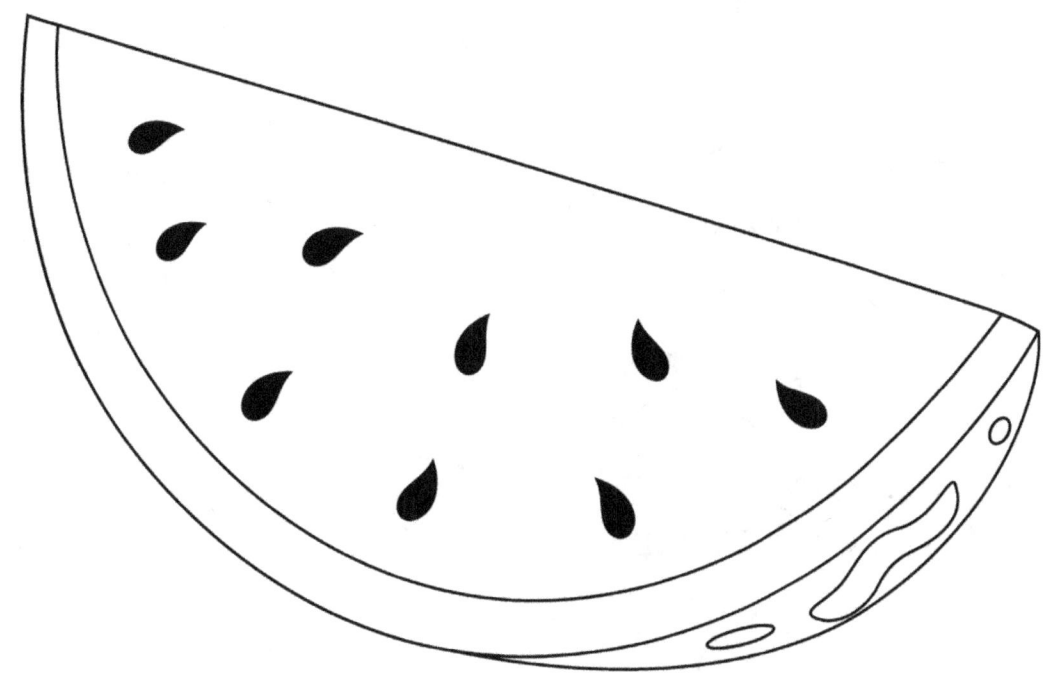

Lubenica

Lubenica

Baleia

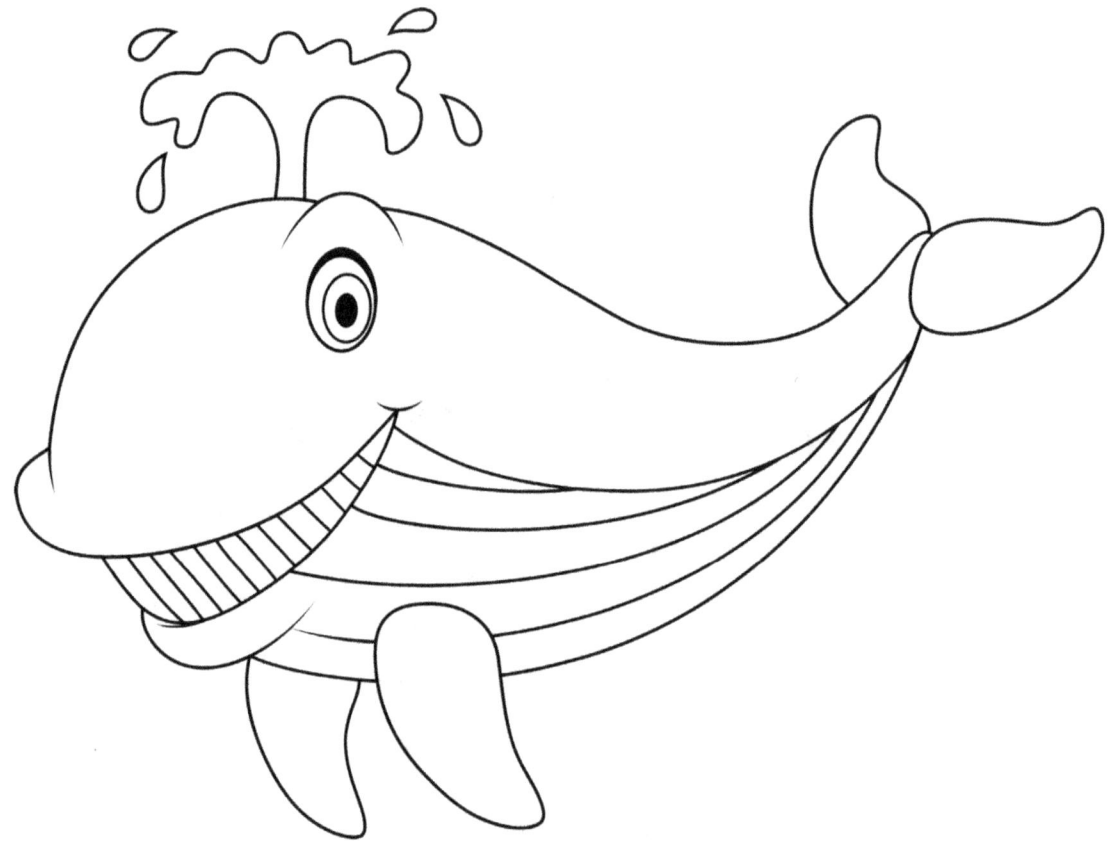

Kit

Kit

Vulcão

V_lkan

Abutre

_u_

Melancia

_ubeni_a

Baleia

__t

Janela

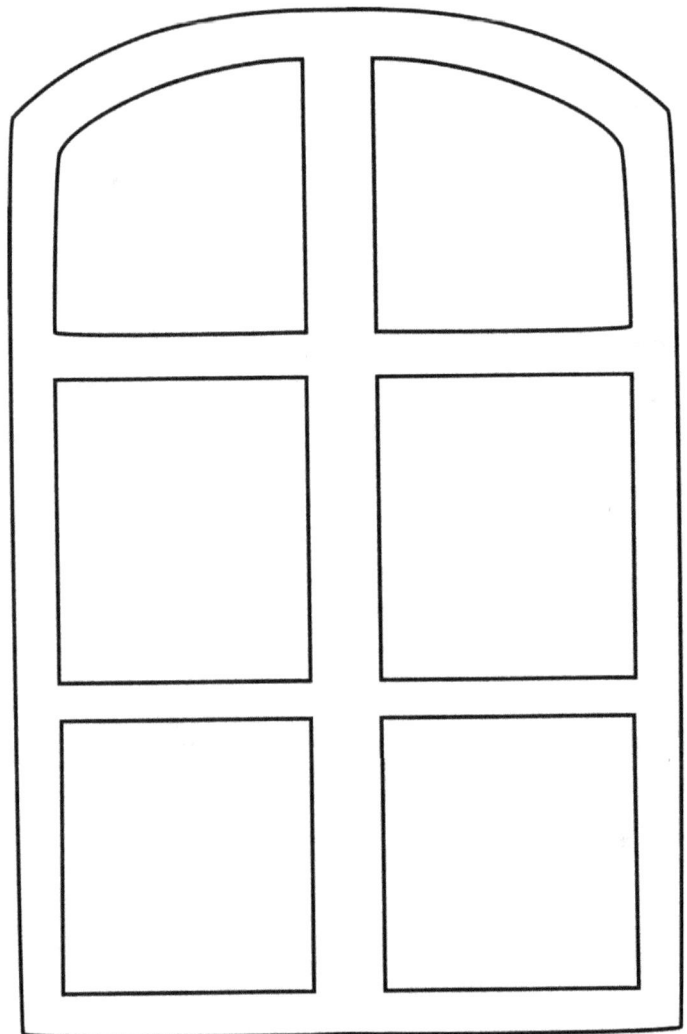

Prozor

Prozor
_____
_____

Xilofone

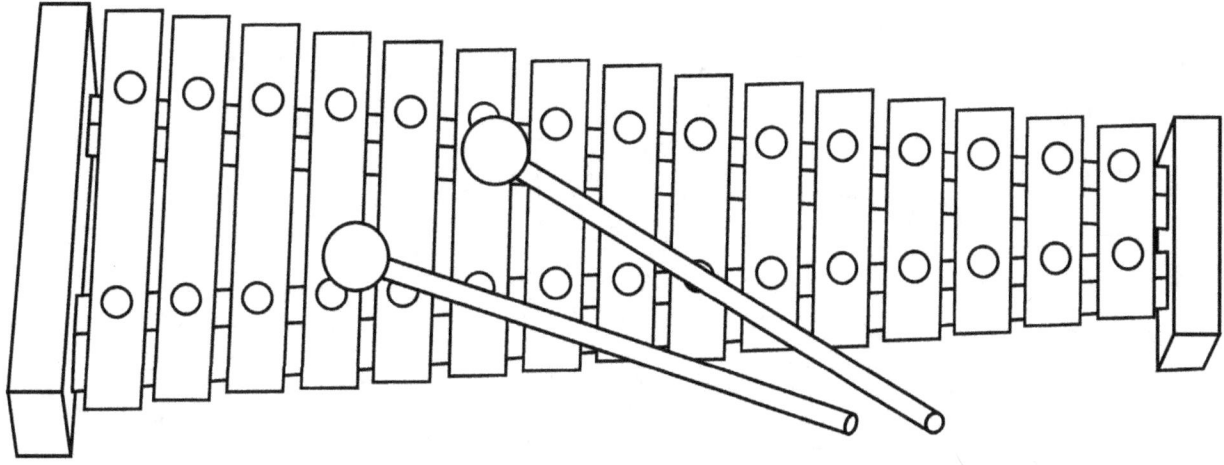

Ksilofon

Ksilofon

Veleiro

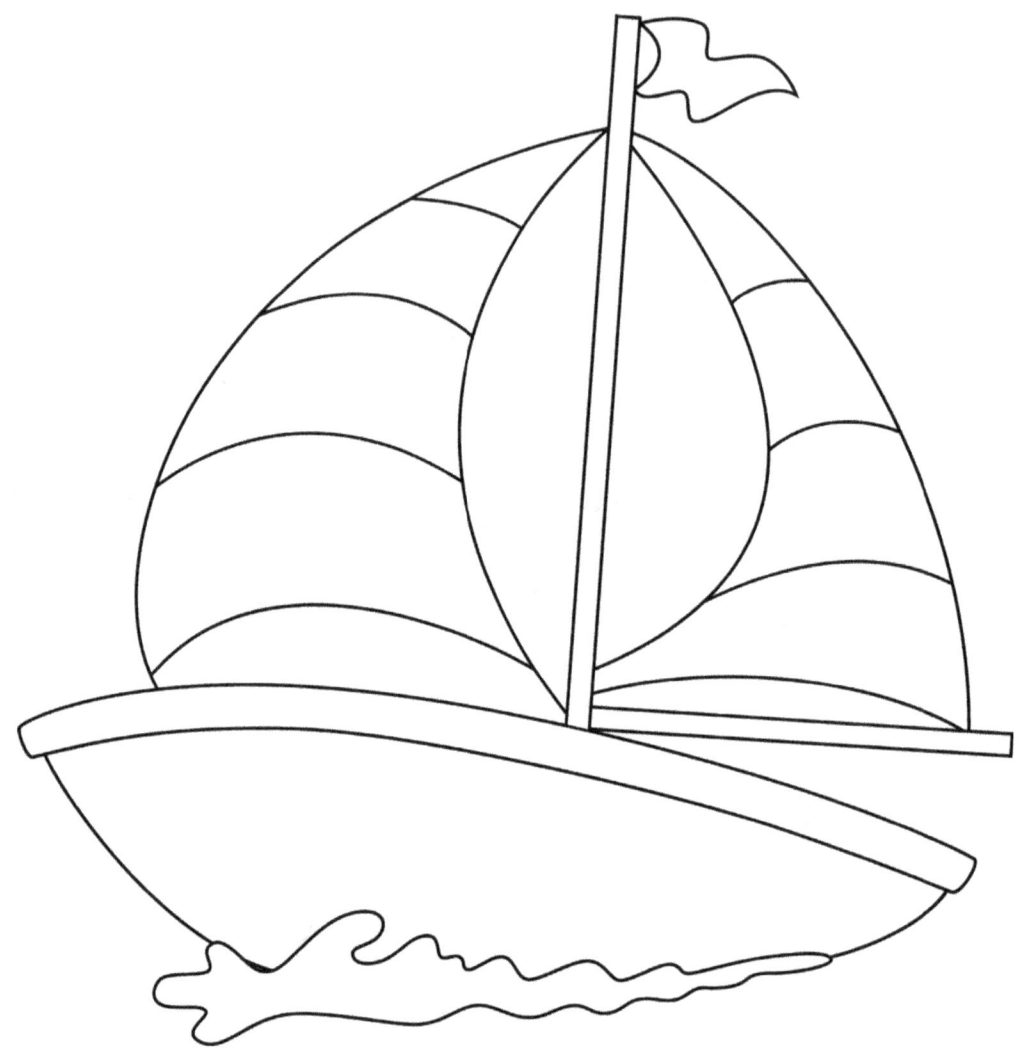

Jedrilica

Jedrilica

Boneco

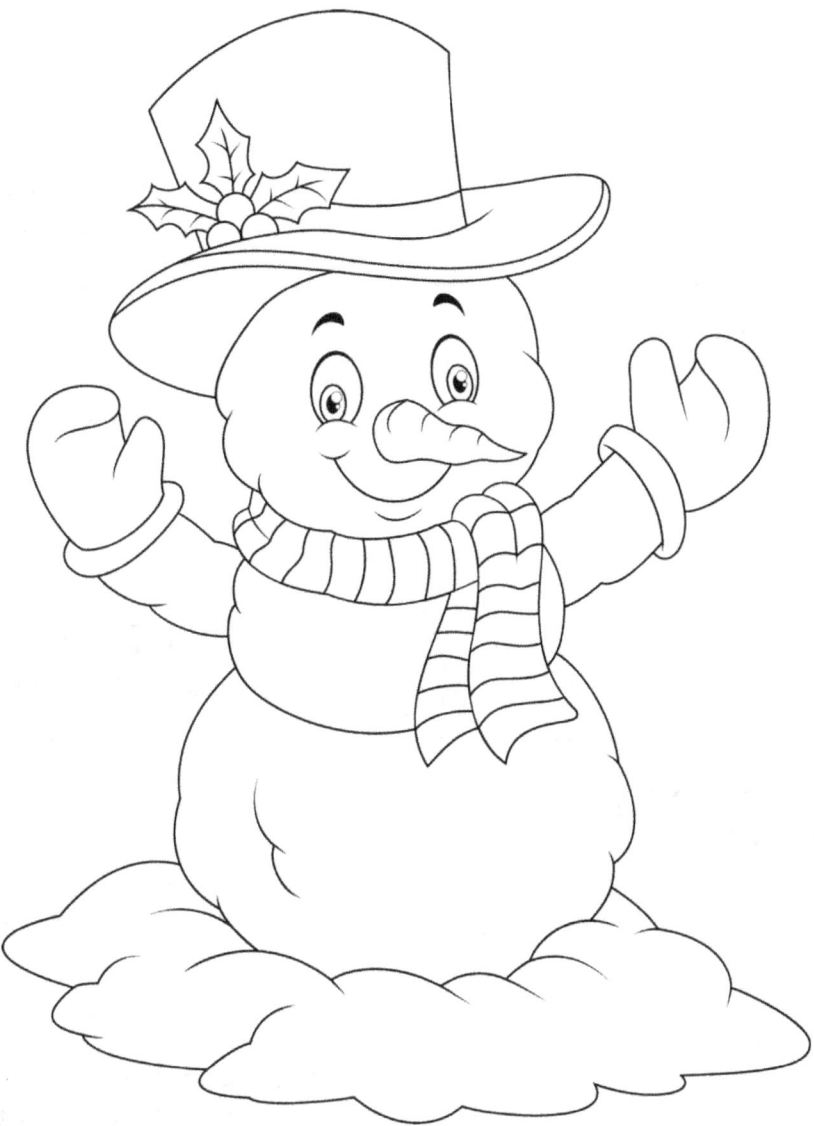

Snjegović

Snjegović

Janela	
	Pro_or

Xilofone	
	_sil_fon

Veleiro	
	Jedr_l_ca

Boneco	
	S_jego_ić

Iogurte

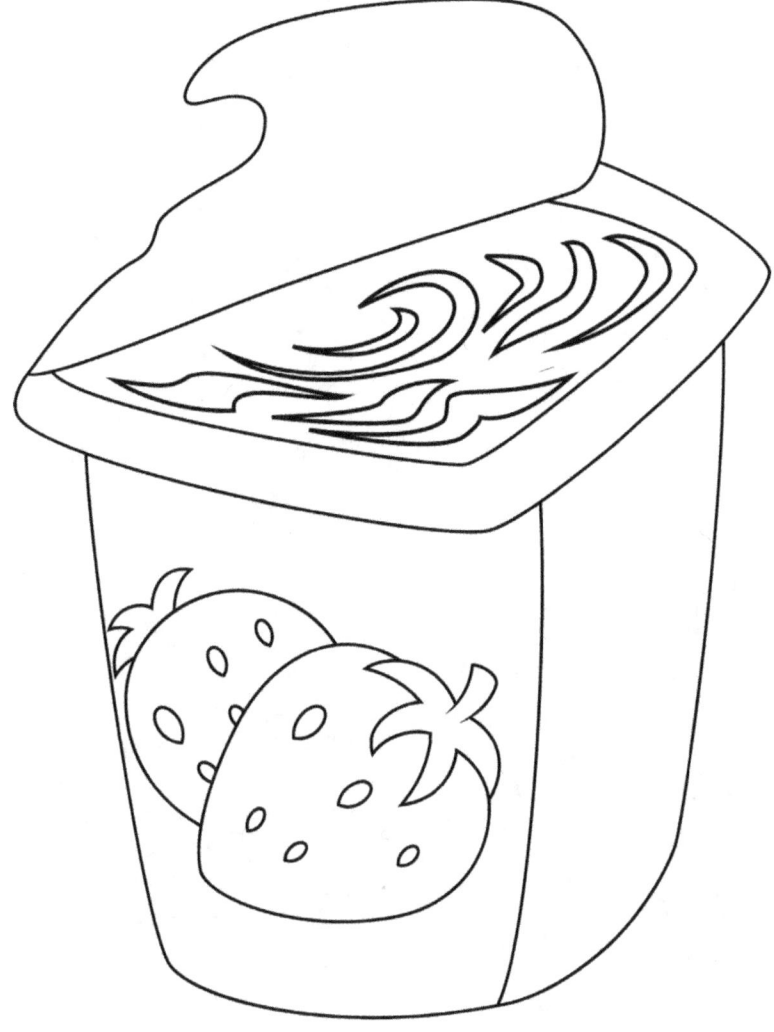

Jogurt

Jogurt

Galinha

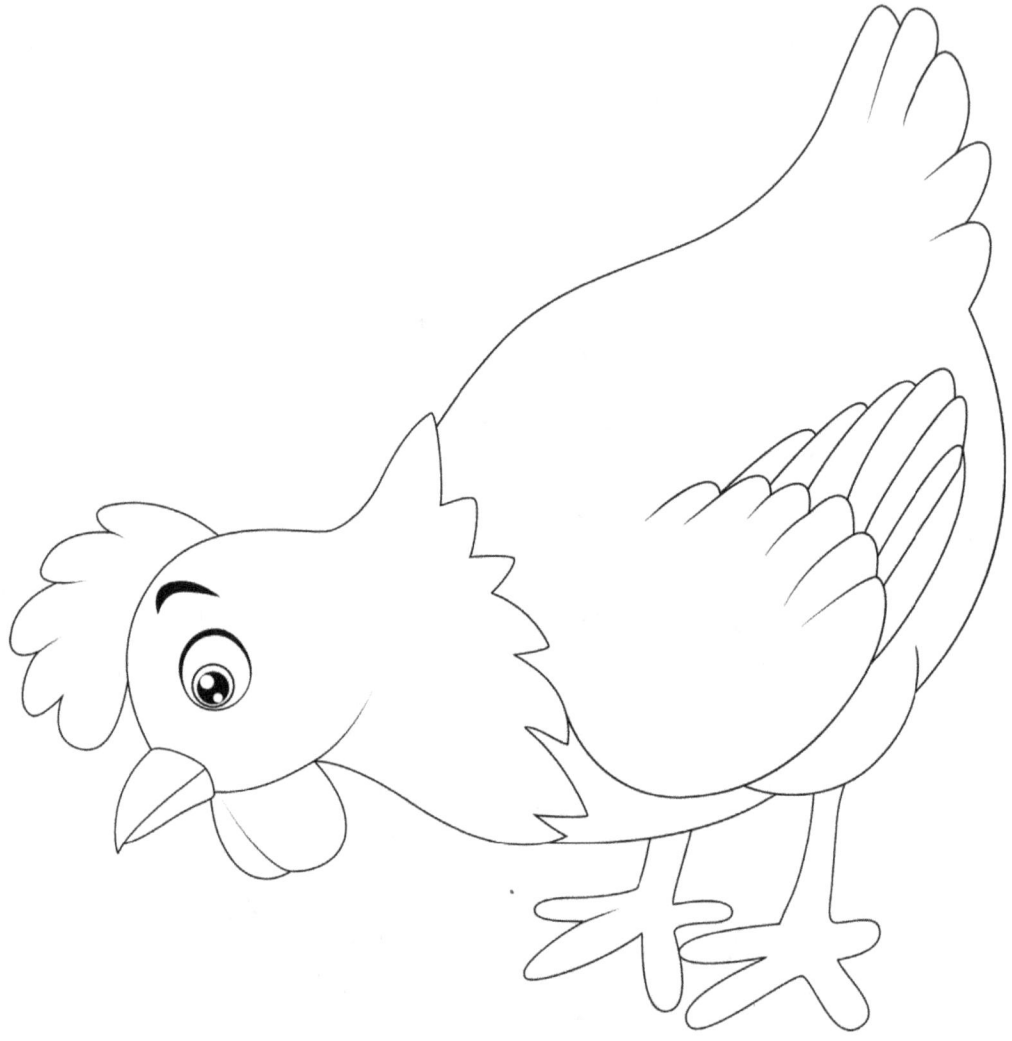

Kokoš

Kokoš

Chave

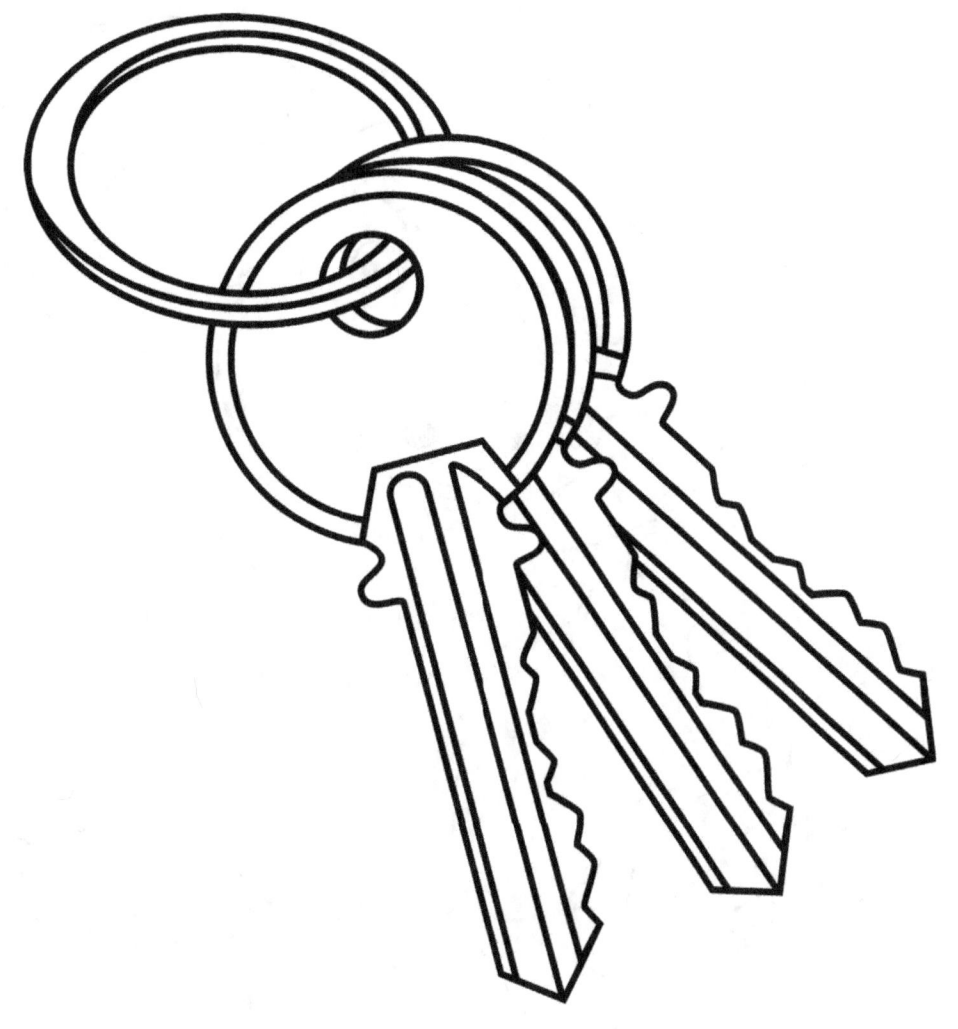

Ključ

Ključ

Coala

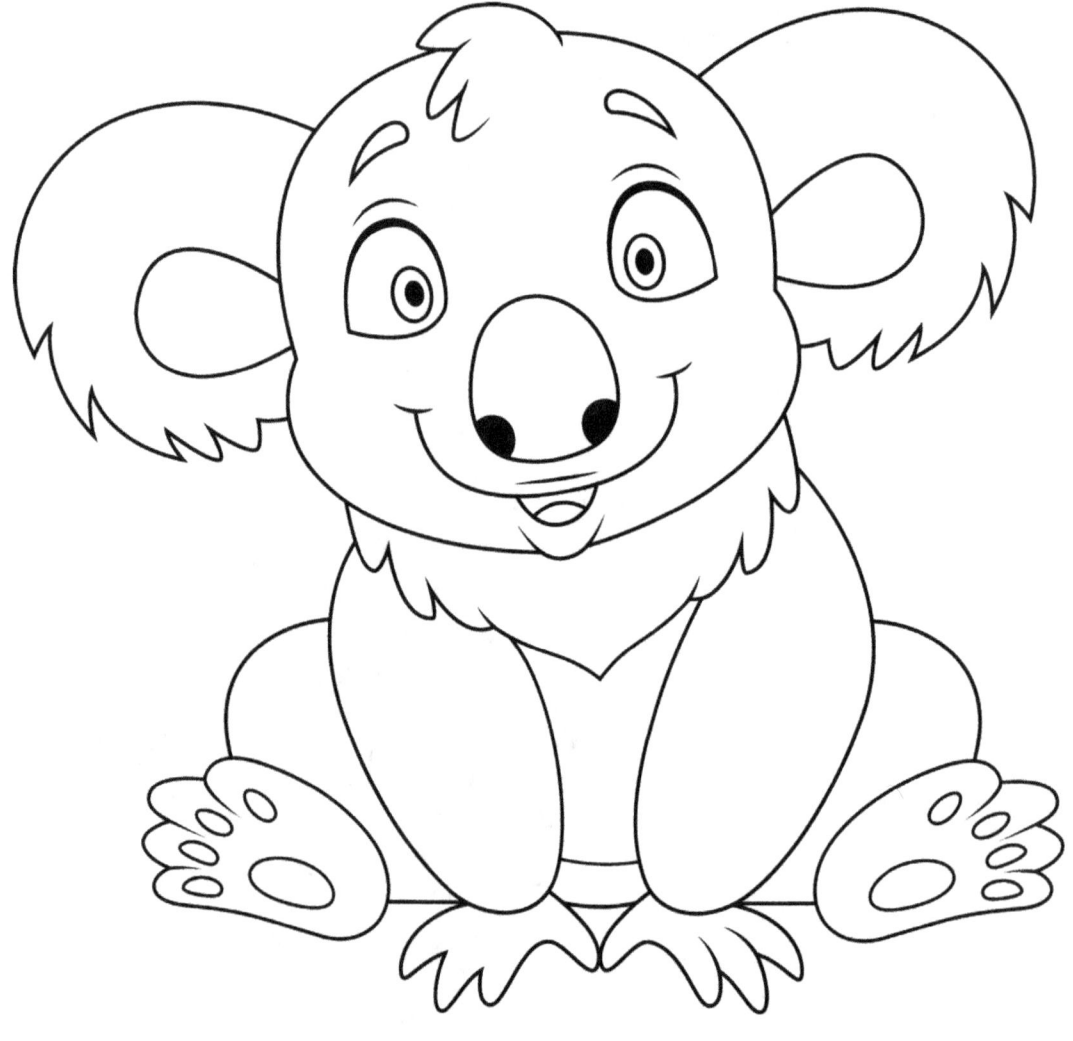

Koala

Koala

Iogurte

Jogu__

Galinha

K__oš

Chave

Kl__č

Coala

K__la

Formiga	-
Maçã	-
Astronauta	-
Banana	-
Urso	-
Livro	-
Carro	-
Gata	-
Milho	-
Cachorro	-
Rosquinha	-
Tambor	-
Caracol	-
Zebra	-
Elefante	-
Peixe	-

Flor	-
Raposa	-
Girafa	-
Óculos	-
Uva	-
Hambúrguer	-
Hipopótamo	-
Casa	-
Sorvete	-
Iguana	-
Pato	-
Jaguar	-
Geléia	-
Água-viva	-
Zepelim	-
Kiwi	-
Morango	-

Folhas	-
Lâmpada	-
Leão	-
Macaco	-
Rato	-
Mata-moscas	-
Prego	-
Cavalo	-
Noz	-
Polvo	-
Laranja	-
Coruja	-
Caneta	-
Torta	-
Porco	-
Pássaro	-
Rainha	-

Pena	-
Coelho	-
Rinoceronte	-
Robô	-
Tigre	-
Árvore	-
Guarda-chuva	-
Ouriço-do-mar	-
Sol	-
Vegetal	-
Vulcão	-
Abutre	-
Melancia	-
Baleia	-
Janela	-
Xilofone	-
Veleiro	-

Boneco	-
Iogurte	-
Galinha	-
Chave	-
Coala	-

© nerdMedia 2018

This work, including all its parts, is protected by copyright. Any use is not permitted without the author's consent. This applies in particular to copying, translation, storage and processing in electronic systems. Contact: Dirk Kolodziej/Peppermühl 9/48249 Dülmen/Germany info4us@nerdmedia.eu Cover design: nerdMedia Cover photo: depositphotos.com - Print Output Black & White: Amazon Media EU S.Ã .r.l./5 Rue Plaetis/L-2338 Luxembourg

www.ingramcontent.com/pod-product-compliance
Lightning Source LLC
Chambersburg PA
CBHW062331220526
45469CB00008B/2670